초등영어부터 입시영어까지 꽉 잡는

미래형 엄마표 영어

초등영어부터 입시영어까지 꽉 잡는

Mom's English

미래형
엄마표
영어

오현주
전주연
김연수
이수진
김호연
김태인
정영은
지음

서사원

아이의 꿈에 날개를 달아주자

엄마표 영어는 사랑과 존중에서 시작합니다

우리 아이들은 생각보다 많은 것을 알고 있습니다. 어린이들에게 큰 인기를 끈 페파피그 그림책 시리즈가 있습니다. 주인공 페파가 엄마를 소개하는 '나의 엄마My Mummy'라는 에피소드에 다음과 같은 문장이 나옵니다.

"My mummy always treats me and George like Big People."
우리 엄마는 나와 동생 조지를 마치 어른처럼 대해요.

이제 막 '공룡dinosaur'이라는 단어를 배우기 시작한 조지와 예닐곱 살 정도 된 주인공 페파를 엄마가 어른처럼 대한다는 내용인데요. 이 문장을 읽는 순간 무릎을 '탁' 쳤습니다. 이 문장은 조지와 페파를 하나의 인격체로서 존중해 주는 엄마의 양육 태도와 가치관이 담겨 있기 때문입니다. 엄마표 영어는 아이를 존중하는 마음에서 시작되어야 합니다. 엄마가 주도권을 가지고 결정하고 통제하는 것이 아니라 아이의 눈높이에 맞는 대화를 하면서 학습 과정을 조정해 나가야 합니다.

언어가 사고력을 확장합니다

러시아의 심리학자 비고츠키는 언어를 생각의 재료라고 말했습니다. 얼마나 다양한 언어와 단어가 뇌에 존재하느냐에 따라 생각의 깊이, 넓이, 방향이 달라질 수 있다고 강조했습니다. 익숙하게 구사할 수 있는 모국어와 새로운 언어인 외국어를 동시에 구사하게 되면 또 다른 세상이 열린다는 의미입니다. 언젠가 다섯 살 둘째와 이런 대화를 나누었습니다.

아이: 엄마 나는 영국에 갈 거예요.
엄마: 이유가 궁금하네. 왜 영국에 가고 싶은 거야?
아이: 런던의 빅벤Big Ben이랑 빨간색 2층 버스를 보고 싶어요.
엄마: 어머나, 영국에 가보고 싶구나. 그럼 영어로 말할 수 있어야겠네.
아이: 네, 나는 지금도 영어를 잘하는데, 더 잘하고 싶어요. 빅벤에서 엄마가 좋아하는 라떼Latte랑 스콘도 주문해 줄게요.

아이는 런던에 가서 엄마에게 줄 커피와 스콘을 주문하기 위해 자연스럽게 영어가 필요하다는 생각을 한 듯 보였습니다. 책에서 본 장소와 나라를 떠올리면서 영어에 대한 자신감과 영어를 더 잘하고 싶은 마음을 가지게 되었습니다. 영어를 잘해야 하는 이유들이 모여서 목적이 되고, 여기에 시간의 공력이 합쳐지면서 아이는 성장을 경험하게 됩니다. 그 과정의 끝에 '사고력 확장'이라는 선물을 얻게 됩니다.

성장의 기회를 제공합니다

부모가 추구하는 아이의 영어 목표는 각각 다를 수 있습니다. 나는 왜 엄마표 영어를 하는지 목표와 이유를 생각해보시기 바랍니다. 이 책의 저자 7인의 엄마표 영어 목표는 '편안하고 자유로운 영어 구사'입니다. 영어가 세상의 문을 여는 도구로, 아이의 꿈에 날개를 달아주었으면 좋겠습니다.

엄마표 영어는 새로운 언어학습을 통해 자신의 한계를 깨고 성장하는 기회를 제공합니다. 영어 공부는 오랜 시간과 정성이 필요합니다. 흔들리지 않고 처음 목표한 방향을 유지하기 위해 영어교육 나침반이 필요합니다. 이 책이 그 나침반 역할을 해줄 것입니다. 아이에게 단순한 영어 기술이 아닌 삶에 대한 태도를 가르쳐주세요. 아이는 언어를 배우는 과정을 통해 '자기 발견과 성숙'의 자세를 배우게 됩니다.

영어를 모국어로 사용하지 않는 국내에서 영어 공부만으로 원어민들처럼 유창한 언어 구사 능력을 습득하기는 쉽지 않습니다. 이런 어려운 상황에도 영어 환경 노출과 꾸준한 노력으로 아이의 영어 실력을 높이고 있는 부모들이 있습니다. 바로 엄마표 영어를 실천하는 분들입니다. 이 책은 그런 분들을 위한 엄마표 영어 실행서입니다. 책을 처음부터 차근차근 읽어나가도 좋고, 아이의 영어 진행 상황에 따라 필요한 부분을 먼저 읽어보셔도 좋습니다.

1장에서는 엄마표 영어를 본격적으로 시작하기 전에 갖추어야 할 마음가짐과 태도, 방향성에 대해 안내합니다. 2장부터 3장까지는 영어 동요, 파닉스 학습, 영어동화 교수법을 포함해서 다양한 주제별 영어 학습법을 다루었습니다. 4장에서는 미래 인재가 갖춰야 할 역량과 생성형 인공지능 ChatGPT를 어휘, 문법, 말하기 등 여러 분야에서 효과적으로 사용할 수 있는 방법을 정리했습니다.

이 책이 나오기까지 오랜 시간 함께한 오현주, 전주연, 김연수, 김호연, 김태인, 정영은 집필진과 정성으로 편집해주신 서사원 편집자님과 대표님께 감사 인사를 드립니다. 산을 움직이려 하는 이는 작은 돌을 들어내는 일로 시작한다는 말이 있습니다. 7인의 저자는 매일매일의 노력이 우리를 성장시킨다는 믿음으로 이 책을 집필했습니다. 《미래형 엄마표 영어》가 여러분의 영어 성장을 돕는 든든한 벗이 되기를 소망합니다.

카자흐스탄 하늘 아래에서
대표 저자 이수진 교수

차례

PART 1   미래형 인재로 키우는 엄마표 영어

PART 2   미래형 엄마표 영어의 기본1

1장 영어 동요

PART 3 미래형 엄마표 영어의 기본 2

1장 영어 그림책

3장 챕터북

4장 영어 학습법

우리 내면에는

그 누구보다 훌륭한 삶의 안내자가 있다.

Inside us, there is a better guide to life than anyone else.

– 제인 오스틴,《오만과 편견》작가

PART

1

미래형 인재로 키우는
엄마표 영어

장기적인 안목으로 엄마표 영어를 바라보자

'좀 더 완벽하게 준비해서 엄마표 영어를 시작해야지.'
'준비가 덜 된 상태에서 시작하면 실패할 수도 있어.'

엄마표 영어 시작을 뒤로 미루는 분들이 있어요. 도서관 강의, 유튜브 수업도 열심히 듣고, 관련 책도 꾸준히 읽고 있지만, 엄마표 영어 시작이 두렵게만 느껴집니다. 하지만 완벽한 준비란 있을 수 없습니다. 엄마표 영어는 타이밍이 중요하기 때문입니다. 시작은 뒤로 미루고, 여전히 준비만 반복하는 분이 있습니다. 공동구매로 영어책을 사놓고, 포장을 뜯지도 않은 채 또 다른 공구 일정을 기다리기도 합니다. 아이에게 영어책 한 권 읽어주지 않으면서 정보를 얻기 위해서 수업만 들으러 다니는 분도 있습니다. 그 마음은 충분히 이해합니다. 하지만 시간은 우리를 기다려주지 않습니다. 시작 시기를 뒤로 미루지 마세요. 하루 5분이어도 좋으니 바로 실천해봅시다. 엄마표 영어 시작 시기는 바로 지금입니다. 망설이지 말고 시작하세요.

엄마표 영어 정의 내리기

엄마표 영어는 가정에서 모국어를 습득하는 것처럼, 자연스럽게 영어 습득을 도울 수 있는 영어환경을 만들어주는 것입니다. 아이가 우리말을 배워가는 과정을 떠올려 보세요. 우리말과 영어, 언어는 다르지만, 일상에서 언어 습득 환경을 만들어주는 것은 비슷한 과정입니다. 일상생활에서 영어 환경을 만들어주고, 아이가 영어와 친해지고 익숙하게 하는 과정이 엄마표 영어입니다. 다음은 새롭게 정의 내린 엄마표 영어의 뜻입니다.

> **엄마표 영어의 정의**
> 1. 엄마와 아이가 일정한 시간을 통해 생활 속에서 영어가 스며들도록 하는 모든 활동을 엄마표 영어라 칭한다.
> 2. 우리 아이에게 적합한 영어책과 영상물, 각종 정보를 얻기 위한 노력을 엄마표 영어라 칭한다.
> 3. 아이 스스로 영어 공부를 할 수 있는 힘이 생겼을 때 아이에게 선택권을 주는 것도 엄마표 영어의 범주에 속한다.

시작이 있으면 끝이 있는 법입니다. 엄마표 영어의 끝은 언제쯤일까요? 아이의 실력이 어느 정도 되었을 때 엄마표 영어를 마무리지을지도 생각해 보세요. 장기적인 안목으로 엄마표 영어를 바라보는 눈이 필요합니다.

일상의 루틴 만들기

엄마표 영어의 시작은 어떻게 해야 할까요? 영어 동요, 영어책, 영어 영상을 적절히 사용해보세요. 아이의 발달과정을 바탕으로 책을 좋아하는 시기에는 책에 더 비중을 두고, 영상을 좋아하는 시기에는 영상 비중을 늘려도 좋습니다. 한 가지만을 고수하는 것이 아니라 유연하게 아이들 상황을 바라보세요. 영상 시청 시간은 아이들에게 휴식 시간이면서 동시에 영어를 즐기는 시간이 될 수 있습니다. 영상 시청은 내용을 궁금해 하며 이야기에 흠뻑 빠질 수 있는 여유로운 시간으로 만들어보세요. 일상에서 영어의 재미에 푹 빠지게 하면서 영어의 기본 요소를 체득해 가는 과정이 됩니다.

그림 위주로 책을 넘기며 책 속에 빠져드는 아이도 있습니다. 짧은 글을 스스로 읽어가며 영어 자신감을 키워가기도 합니다. 영상은 눈으로 이미지를 인지하면서 동시에 귀를 통해 소리의 인풋을 채워줍니다. 모르는 단어나 문장이 나와도 앞뒤 상황을 유추하면서 영어 이해 능력을 키워갑니다.

아침에 일어날 때, 아침 식사 전에, 오후 휴식을 취할 때, 저녁 식사 후 등 아이의 일과 시간 중에 영어 루틴을 만들어주세요. 아이가 좋아하는 노래, 책, 영상으로 그 시간을 즐길 수 있게 아이의 변화 과정을 살피고 지지해 주세요.

아이의 가능성을 믿어주는 엄마 코치가 되자

엄마표 영어를 진행할 때 엄마는 코치coach 역할을 해야 합니다. '코치'의 어원은 헝가리의 도시 코치Kocs에서 유래되었습니다. 말 네 마리가 이끄는 마차를 '코치'라고 불렀는데, 승객이 마차를 타고 목적지에 도착하듯이 영어 코치는 아이를 원하는 목적지까지 데려다주어야 합니다. 이를 위해서는 현재 아이의 실력을 정확히 파악해야 하고, 제대로 가고 있는지 중간 점검을 해야 합니다. 다음 3계명을 기억하면서 엄마표 영어를 진행하세요.

> **엄마 영어 코치 3계명**
> ① 나는 아이의 내면에 있는 잠재력과 능력을 믿습니다.
> ② 나는 아이의 문제를 해결하기 위해 다양한 방법을 찾습니다.
> ③ 나는 아이를 사랑으로 대하고, 영어로 아이를 평가하지 않습니다.

교육은 가르치는 사람의 영향력이 매우 큽니다. 질 높은 교육을 위해 가르치는 사람은 끊임없이 배워야 합니다. 영어 지식을 넘어 삶의 지혜를 전달하는 영어 코치가 되어봅시다.

영어 교육의 최적기

우리나라 영어 조기교육 열풍은 타의 추종을 불허합니다. 영어 그림책 태교를 하기도 하고, 아이가 우리말을 배우기도 전에 영어 소리에 노출하는 사례도 자주 듣습니다. 특히 영어는 어릴 때 배워야 쉽게 배우고 발음도 명확하다고 알려지면서 엄마표 영어부터 영어유치원, 다양한 사교육 시장까지 그 규모가 대단합니다.

이와 맞물리는 근거가 언어학습의 적기에 대한 '결정적 시기 이론CPH: Critical Period Hypothesis'입니다. 언어학자 촘스키Chomsky와 학문적 이론을 같이 하는 언어 및 신경학자 에릭 레네버그Eric Lenneberg는 타고난 언어학습 능력이 언제나 유효하다기보다 최적화된 시기가 있다고 주장합니다. 타고났다고 하여 평생 유효한 것이 아니라 특정 시기에 발현되며 이 시기가 지나면 그 능력이 사라진다는 설명입니다.

골든타임Golden Time은 과연 언제일까요? '결정적 시기 이론'을 지지하는 학자들 간에 견해가 조금씩 다른데요. 골든타임에 전적으로 동의하는 강경파는 아이들이 사춘기 이전에 모국어를 반드시 습득해야 하고, 그 시기를 놓치면 모국어를 절대로 배울 수 없다고 주장합니다. 반면 온건파는 사춘기 이후에 언어에 노출되어도 배울 수는 있다고 봅니다. 다만 불완전한 습득이 될 수 있으니 가능하면 일찍 배울 것을 권합니다. 골든타임에 대해 강경하든 온건하든 '결정적 시기 이론'에서 말하는 최적기는 사춘기쯤입니다. 모국어 습득에서 비롯된 이 이론은, 외국어 교육에까지 확대되었고, 많은 전문가가 조기 외국어 교육의 효용성을 주장하고 있지요.

실제로 외국어 교육이 늦어지면 불리한 부분이 있습니다. 바로 발음입니다. 나이듦에 따라, 발음에 관여하는 입 주변의 근육은 모국어에 최적화된 상태로 굳어버립니다. 어릴 때 외국어를 배우면 발음이 더 좋은 이유는 유연한 구강 구조와도 관련이 있습니다. 사람은 어떠한 언어라도 구사할 수 있도록 태어나는데, 모국어를 배우기 시작하면서 다른 언어와 관련된 근육과 기능들이 약화되거나 사라집니다. 물론 큰 노력을 기울여 어느 정도 극복할 수 있겠지만, 특정 발음이 잘 안 되거나 모국어의 색깔이 영어에 짙게 나타나기도 합니다.

정확하고 자연스러운 영어 발음을 위해 모국어 소통이 가능할 무렵 듣기를 통한 노출을 권해드립니다. 영어 발음 연습에는 듣기가 선행되어야 합니다. 음소를 듣지 못하면, 정확한 소리를 낼 수 없기 때문입니다. 따라서 좋은 소리를 많이 또 집중해서 듣고, 정확한 조음점에 맞추어 꾸준히 연습한다면 좋은 결과를 기대할 수 있습니다.

발음과 더불어 영어 리듬, 강세, 억양 연습도 중요한 요소입니다. 영어는 우리말과 달리 리듬이 있어 많이 듣고 그 리듬에 따라 발음해야 합니다. 각 단어에 강세가 있는 부분은 길고 세게 소리 내어 강세를 받지 않는 음소와 구분하는 연습이 필요합니다. 이를 위해, 각 학습자가 좋아하는 콘텐츠를 찾아 듣고, 낭독하고, 따라 읽기shadowing 연습을 반복하면 원어민과 가까운 발음으로 점차 발전할 수 있습니다.

사춘기 이후에 시작한 외국어일지라도, 문법이나 단어를 익히는 데는 어려움이 없으며 부단한 연습을 통해 발음도 극복할 수 있습니다. 오히려 학교 교육을 통해 '학습'의 과정을 경험해 보았기 때문에 어린아이들보다 효율적으로 익히고 공부할 수 있다는 장점이 있기도 합니다. 그동안의 학습을 통해 인지 수준도 높아져 있어서 어린아이가 2년에 걸쳐 익힌 내용을 불과 몇 주 만에 배울 수 있습니다.

많은 부모님이 영어 교육의 최적기에 대해 궁금해하지요. 앞서 설명한 바와 같이, 시기별로 장단점이 있습니다. 또한 아이마다 언어적 능력이나 성향이 워낙 달라서, 딱 하나의 해답을 드린다는 것은 불가능한 일입니다. 우선, 아이의 우리말 체계와 개념이 잘 정리되어 있고, 영어 영상이나 노래에 흥미를 보인다면, 자연스러운 듣기로 영어 교육을 시작해 보세요. 그 시기는 약간의 차이가 있겠지만, 굳이 나이로 이야기하면 5~6세 즈음이 되겠습니다.

아무리 좋은 언어 인풋input에 노출된다고 하더라도, 아이가 외부의 언어 정보를 내면화하고 규칙을 정리하지 않으면 소용이 없습니다. 인풋을 자기 것으로 만들어, 새로운 문장을 창조하는 일은 아이 내부에서 일어나기 때문입니다. 실제로 어린 아이들이 구사하는 문장을 보면, 어록을 만들어 저장하고 싶어질 정도로 창의적인 부분이 많습니다. 또 배운 말을 무조건 따라 하기보다, 자신이 원하는 단어나 구절을 선택하여 모방하는 것만 보더라도, 타고난 인지능력과 창의성을 가지고 언어를 습득하고 있음을 알 수 있습니다.

따라서 영어 학습을 시작할 때 가장 중요한 것은, '엄마의 계획'이 아니라 '아이만의 학습 시간표'입니다. 엄마의 욕심으로 학습 계획을 통제해 나갈 때, 아이는 지치고 결국 '영어 거부'라는 난관에 부딪힐 수도 있습니다. 내 아이의 성향과 발달 상태가 고려된 영어 교육이라야 지속할 수 있고 잘 될 수 있습니다. 조금 늦어도 괜찮습니다.

영어를 거부하는 아이

부모님의 기대와는 달리 영어를 심하게 거부하는 아이도 있기 마련입니다. 어린 나이임에도 영어를 싫어하거나 부담감을 느끼기도 하고, 영어에 익숙하기도 전에 학습적인 접근으로 힘들어하는 아이도 있습니다. 우리말이 익숙한 상황에서 모국어 능력을 기반으로 영어를 더 잘 소화해나가는 아이가 있는 반면에, 이미 깊숙하게 자리 잡은 우리말로 인해 새로운 영어의 입력을 심하게 거부하기도 합니다.

또는 아이의 인지능력이나 성향을 고려하지 않고 영어를 진행하는 경우입니다. 아이가 영어를 충분히 받아들일 만한 토대가 없는 상황에서 빠른 결과만을 기대하지 않았는지 되돌아볼 필요가 있습니다. 아이는 자신의 속도대로 잘하고 있는데도 부모가 생각하는 기준에 미치지 않으면 아이를 재촉하게 되고, 아이의 영어 흥미를 떨어뜨리는 결과를 가져올 수 있어요. 아이들이 영어를 배워야 한다는 이유로 심한 압박감을 느끼고 있는 것은 아닌지 살펴보시기 바랍니다. 부모와 아이가 신뢰와 애착 관계가 잘 형성되어 있고, 왜 거부가 심한지 이유를 제대로 알고 있다면 대응하기가 한결 수월할 것입니다.

불안한 마음 내려놓기

강의나 상담을 통해 부모님을 만나보면, 자녀 교육에 대한 불안감이 높은 분들을 볼 수 있습니다. 어떤 요인 때문에 불안한지 그 이유와 해결책을 찾아봅시다.

첫째, 현재 진행 방법에 대한 확신이 없을 때 불안합니다.

아이에게 적합한 방법을 선택했지만, 좀 더 효과적인 방법이 있을 것 같아 계속 새로운 공부 방법을 찾아 시도하기도 합니다. 한 가지 방법을 선택했다면 꾸준하게 진행해보세요. 어떤 방법으로 하더라도 단기적으로 효과를 볼 수는 없기 때문입니다.

둘째, 아웃풋에 대한 불안감입니다.

외국어로 배우는 영어를 습득하기까지는 인내가 필요합니다. 하지만 유독 영어 교육에서는 빠른 효과를 기대합니다. 주변에 비교 대상도 많고 또래 집단의 아이들을 보면서 불안감이 가중되기도 합니다. 엄마표 영어를 지속하게 하는 힘은 과정에 있습니다. 영상을 보면서 키득거리거나, 주인공의 말을 자신도 모르게 따라 하는 모습, 그림책을 읽으며 자신이 아는 단어를 말해 보기도 하고, 자신이 이해한 것을 그려보면서 아이는 다양한 형태로 아웃풋을 만들어냅니다. 아이가 즐기는 과정을 여유로운 시선으로 지켜보시기 바랍니다. 부모님이 생각하는 것 이상으로 아이는 잘 해내고 있기 때문입니다.

셋째, 성적이나 학교 진도와 같은 현실적인 고민일 수 있습니다.

초등학교에서 영어 공교육이 3학년 때 시작되는데, 학교에서 우리 아이가 영어 수업을 잘 따라갈 수 있을지, 과제는 잘 해낼지, 수행평가는 제대로 해나갈지 걱정됩니다. 초등 고학년이 되면 중등을 대비해야 하는 부담을 갖곤 합니다. 문법도 해야 하고 독해, 듣기 등 분야별 공부가 필요할 것 같기도 합니다. 엄마표 영어가 학교에서 배우는 영어 성적과 연관이 적을 것 같은 생각이 들기도 합니다. 아이가 영어를 편안하게 받아들이고 즐겁게 몰입하고 있는 그 시간을 잘 유지해 주시기 바랍니다. 그 어떤 방법보다 내실 있게 기본을 채워가는 시간입니다. 자녀의 영어 실력은 즐겁게 상호작용하는 이 시간을 통해 자연스럽게 채워집니다.

현재 영어 배움의 과정을 잘 견뎌내고 즐기고 있다면, 필요 이상으로 걱정하지 않으셔도 됩니다.

따스하게 안아주는 엄마 코치

엄마표 영어의 효과를 높일 수 있는 교육 방법으로 자기 효능감 키우기를 소개합니다. 자기 효능감self-efficacy이란 자신이 어떤 일을 성공적으로 수행할 수 있는 능력이 있다고 믿는 마음을 뜻합니다. 짧은 영어책을 읽던 아이가, 어느 날 글 양이 많은 영어책을 꺼내 읽기 시작합니다. 아직 모르는 단어도 있지만 아이는 끝까지 그 책을 읽어갑니다. 이런 모습을 본다면 우리는 아이에게 대견하다고 칭찬해줄 겁니다. 해낼 것 같다는 믿음을 가진 아이는 두렵지만 실행합니다. 충분히 해낼 수 있지만, 아이의 마음속 생각이 다르다면 아이는 실행 대신에 포기를 선택합니다.

그렇다면 어떻게 해야 자기 효능감을 키울 수 있을까요?

첫째, 아이의 약점보다는 강점에 집중해주세요. 어떤 아이는 말하기에 재주를 보이기도 하고, 어떤 아이는 조용히 책 읽기를 좋아하기도 합니다. 각각 다른 아이의 성향을 강점이라 생각해주세요.

둘째, 아이의 호기심을 키울 수 있는 활동을 찾아주세요. 아이들은 커가면서 특정한 주제에 관심이 생기는 경우가 있습니다. 이런 호기심을 책과 영상, 체험 등으로 확장할 기회를 만들어주세요.

셋째, 아이의 성장을 기록으로 남겨주세요. 처음으로 아이가 두 발로 걸었던 그 순간을 기억하시나요? 온 가족이 손뼉치며 아이의 첫걸음을 응원했던 것처럼, 아이의 작은 성공을 응원해주세요. 그리고 그 작은 성장을 기록해보세요. 엄마표 영어는 장기 레이스 전입니다. 성장이 눈에 보이지 않을 때 기록을 살펴보세요. 분명히 우리 아이의 영어 실력은 나아지고 있다는 것을 알게 됩니다.

자기 효능감은 아이뿐 아니라 부모에게도 필요한 요소입니다. 나 자신을 믿고, 내가 하는 일의 가능성을 믿으며, 자기 삶을 당당하게 살아가는 모습을 아이에게 보여주세요.

한글 이름 영어로 표기하기

본격적인 엄마표 영어 시작을 위해 영어 이름부터 만들어보면 어떨까요? 영어 이름을 따로 만들지 않고, 한글 이름을 그대로 사용하는 때도 종종 있습니다. 그렇다면 우리 아이 한글 이름을 어떻게 표기하면 좋을까요? 그 방법이 궁금하다면 '한글 이름 영어로 표기하기' 사이트를 이용해 보세요. 한글 이름을 넣으면 현행 로마자 표기법과 웹에서 자주 사용되는 표기법으로 변환시켜 주는 사이트입니다. 예를 들어 '김연아'라는 한글 이름을 넣으면 사람들이 많이 쓰는 순서대로 영어 이름 표기법 결과를 보여줍니다.

한글 이름 영어로 표기하기

인기 있는 영어 이름 찾아보기

영어 수업 시간에 사용할 영어 이름 만들고 싶다면 다음 사이트를 살펴보세요. 요즘 영미권에서 인기 많은 영어 이름을 알 수 있는 사이트입니다. 다음 표는 2021년 가장 인기 있었던 아기 이름입니다. QR코드를 참고하면 1922년부터 2021년까지 가장 인기 있는 100개의 아이 이름을 볼 수 있습니다.

2021년 가장 인기 있는 남아, 여아 이름

Rank	Male name	Female name
1	Liam	Olivia
2	Noah	Emma
3	Oliver	Charlotte
4	Elijah	Amelia
5	James	Ava
6	William	Sophia
7	Benjamin	Isabella
8	Lucas	Mia
9	Henry	Evelyn
10	Theodore	Harper

다른 사람들을 평가한다면, 그들을 사랑할 시간이 없다.

If you judge people, you have no time to love them.

－마더 테레사 수녀

PART

2

미래형
엄마표 영어의
기본1

삶이란 여행이다.

이 여행에서 중요한 것은

목적지가 아니라 그 과정이다.

Life is a journey.

The important thing about this trip is that

It's not the destination, it's the process.

– 올리버 골드스미스, 캐나다 시인

1장

영어 동요

엄마표 영어를 시작하는 시기는 아이마다 다릅니다. 아이의 연령대가 낮을 때 어떤 방법으로 영어를 시작하면 좋을까요? 교육계에서는 24개월 미만 아이들에게 영상물 시청을 권장하지 않습니다. 지나친 자극으로 오히려 악영향을 끼칠 수 있기 때문입니다. 그렇다고 영어 동화책만 읽어줄 수는 없는 노릇입니다. 이때의 아이에게는 영어 동요 활용을 추천합니다. 영미권 전래동요인 마더구스(Mother Goose)에 대해 알아봅시다.

마더구스의 의미와 종류

아이들이 보는 동화책이나 영상물에서 매부리코를 가진 거위를 타고 다니는 할머니 캐릭터나 모자를 쓴 거위를 본 적 있나요? 이 캐릭터 이름이 마더구스Mother Goose입니다. 마더구스의 기원은 17세기에 살았던 동화 수집가의 이름이라는 설이 있습니다. 동시에 마더구스는 구전되어 내려오는 영미권 전래동요를 뜻하기도 합니다.

엄마가 아이에게 불러주는 자장가라는 뜻으로도 사용되는 너서리 라임 Nursery Rhyme은 오랜 옛날부터 구전되어 내려오는 영어권 아이들의 노래를 총칭해서 부르는 말로 마더구스와 같은 의미로 사용됩니다.

도서관이나 서점에 가보면 다양한 마더구스 책들이 있습니다. 어떤 책을 골라야 하는지 마더구스 책 종류를 알아볼까요.

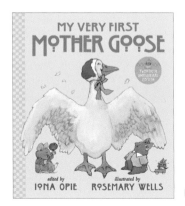

My Very First Mother Goose

마더구스 컬렉션

여러 노래를 묶어놓은 컬렉션 형태의 마더구스 책이 있습니다. 작가 특유의 섬세한 그림체가 매력인 실비아 롱Sylvia Long의《마더구스Mother Goose》가 대표적인 예입니다. 잔잔하게 녹음된 음원이 특징입니다. 로저 프리디Roger Priddy가 삽화를 그린 보드 북 형태의《Nursery Rhymes》는 22곡의 친숙한 노래로 구성되어 있습니다. 아서Arthur 시리즈로 유명한 마크 브라운Marc Brown이 선정하고 삽화를 그린《Hand Rhymes》는 손 유희를 할 수 있는 14곡의 노래로 구성되어 있습니다.

Mother Goose

Nursery Rhymes

Hand Rhymes

마더구스 단행본

마더구스 한 곡을 수록한 단행본입니다. 영유아를 위해 보드 북 형태로 제작된 실비아 롱의《Hush Little Baby》는 구전되어 내려오는 가사를 현대식으로 수정했습니다. 자장가 느낌이 물씬 풍기는 이 책은 엄마 토끼

Hush Little Baby

가 아기 토끼를 재우는 과정을 보여주고 있습니다. 노을이 물든 하늘을 보여주고, 귀뚜라미 소리에 귀 기울이다가, 아기 토끼에게 책을 읽어줍니다. 책을 읽어준 후, 아이에게 이불을 덮어주며 자장가를 불러준다는 노래 가사는 매일 밤 아이에게 불러줄 자장가로 손색이 없습니다.

마더구스 빅북

화려한 색감과 큰 판형으로 제작된 마더구스 빅북 시리즈입니다. 친숙한 노래로 구성된 것이 특징으로 활용도가 높습니다. 《The Wheels on the Bus》는 버스를 타면 들을 수 있는 다양한 의성어, 의태어로 가득 차 있습니다. 재미를 위해서 페이지마다 바퀴 부분에 구멍을 뚫어놓아 읽는 재미를 더해줍니다.

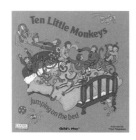
Ten Little Monkeys

Down by the Station

The Wheels on the Bus

마더구스 패러디 동화

마더구스를 패러디한 동화책도 있습니다. 원전 마더구스와 어떤 차이가 있는지 비교해보면서 마더구스의 매력에 푹 빠져보세요. 우연히 파리를 삼킨 한 여인이 파리를 잡기 위해서 새를 잡아먹고, 그 새를 잡기 위해 고양이를 먹는 축적 형식의 마더구스가 있습니다. 바로 'There Was an Old Lady Who Swallowed a Fly'라는 노래입니다. 작가 심스 태백Simms Taback이 이 전래동요를 작품성 높은 동화책으로 만들어냈습니다. 유머러스한 책으로 유명한 테드 아놀드Tedd Arnold도 같은 노래를 패러디한 책을 냈습니다.

'There Was an Old Lady Who Swallowed a Fly'의 다양한 버전

이 노래는 다른 버전의 패러디 책도 있습니다. 동화책 주인공은 파리 대신, 종을 먹기도 하고, 박쥐, 낙엽 등을 먹기도 합니다. 과연 이야기는 어떤 끝을 맺게 될까요? 마더구스 동화책도 읽고 책의 마지막 장면을 상상하면서 아이의 창의력도 함께 높여주세요.

'There Was an Old Lady Who Swallowed a Fly' 마더구스 패러디 작품

There Was an Old Lady
Who Swallowed a Bell!

There Was an Old Lady
Who Swallowed a Turkey!

There Was an Old Lady
Who Swallowed a Chick!

There Was an Old Lady
Who Swallowed Some
Leaves!

There Was an Old Lady
Who Swallowed a Rose!

There Was an Old Lady
Who Swallowed a Bat!

마더구스 위씽 시리즈

마더구스 책하면 빼놓을 수 없는 '위씽Wee Sing' 시리즈입니다. 시리즈가 10
종류가 넘을 뿐 아니라 새롭게 시리즈가 편성되어 제작되기도 합니다.

활용도가 높다고 소문난 책은《Wee Sing for Baby》와《Wee Sing Children's Songs and Fingerplays》입니다.《위씽》책은 구매 전에 도서관에 비치된 책을 활용해보세요. 시리즈에 따라서 어떤 편은 거의 모르는 노래로 구성되어 있어서 책의 활용도가 낮을 수 있습니다. 이 점을 참고해서 구매를 결정해주세요. 유튜브에서 위씽을 검색해보면 웬만한 곡은 모두 업로드되어 있습니다. 음원은 유튜브를 활용해보세요.

Wee Sing for Baby

다음은 영상으로 제작된 '위씽' 목록입니다. 화면 구성은 전반적으로 올드한 편이지만 친숙한 노래를 영상으로 볼 수 있다는 장점이 있습니다.

Wee Sing The Best Christmas Ever

Wee Sing in Sillyville

Wee Sing The Big Rock Candy Mountains

Wee Sing Together

Wee Sing Grandpa's Magical Toys

Wee Sing Train

Wee Sing King Cole's Party

Wee Sing Under the Sea

Wee Sing in the Marvelous Musical Mansion

위씽 영상 시리즈

위씽 홈페이지http://weesing.com를 방문해보세요. 다양한 활동 팁과 컬러링 페이지를 출력하여 사용할 수 있습니다.

마더구스 영어 학습법

영미권 전래동요인 마더구스를 어떻게 활용하면 아이의 영어 실력이 좋아질 수 있을까요? 다양한 마더구스 활용 영어 학습 방법을 알아봅시다.

위씽 악보로 음절 익히기

시중에 판매되는 일반 영어 동요 책을 살펴보면 악보 없이, 가사만 적혀 있는 경우가 대다수입니다. 반면 위씽 모든 노래에 악보가 수록되어 있습니다.

다음의 악보를 살펴볼까요? 'happy' 단어는 'hap', 'py' 두 개의 음표로 표기되어 있습니다. 'happy'는 2음절 단어이기 때문입니다. 'you're' 단어는 한 개의 음표로 표기되어 있습니다. 이 단어는 1음절 단어입니다.

위씽 악보를 보면 영어 단어의 음절 수를 눈으로 손쉽게 구분할 수 있습니다. 2개 이상의 음절을 가진 단어는 자연스럽게 강세가 생기고, 이런 단어의 강세가 모여 문장의 리듬이 됩니다. 영어 발음의 중요한 요소 중 하나인 강세stress를 배울 수 있는 교재로 위씽을 추천합니다.

1음절 단어

If/ you're/ and
you/ know/ it
clap/your/
hands

2음절 단어

hap · py

챈트로 영어 리듬감 익히기

마더구스 중에는 오랜 시간 입에서 입으로 전해져 내려왔기 때문에 멜로디를 알 수 없는 라임이 많습니다. 'One, Two Buckle My Shoe'나 술래를 정할 때 사용하는 'Eeny Meeny Miny Mo'는 멜로디 없이 리듬만 살아있는 챈트chant입니다. 챈트는 부르면서 자연스럽게 영어의 리듬감을 익힐 수 있는 장점이 있습니다.

강세stress는 영어와 우리말의 큰 차이입니다. 강세 언어stress-timed language인 영어와 음절 언어syllable-timed language인 우리말을 비교해볼까요?

외래어인 '스트라이크'를 우리말로 발음할 때는 음절 각각에 강세가 들어가기 때문에 총 5음절이 됩니다. 반면에 영어 단어 'strike'의 음절 수는 1음절입니다. 영어의 경우 음절의 숫자는 발음되는 모음의 수가 결정하기 때문입니다.

한국어, 영어 음절

	한국어(음절어)	영어(강세어)
strike	스트라이크(5음절)	[straik](1음절)
desk	데스크(3음절)	[desk](1음절)

이처럼 영어의 독특한 리듬 때문에 비영어권 사람들은 영어를 익히는 데 많은 어려움을 겪게 됩니다. 학습 초기에는 영어의 리듬을 먼저 가르치는 것이 매우 효과적이라는 연구 결과에 따라 챈트 활용하기를 적극 권해드립니다.

라임(Rime)과 라임(Rhyme)의 차이점

'cat bat sat mat' 단어를 살펴보면 모두 'at'로 끝납니다. 이때 4단어 모두 끝소리와 철자가 같습니다. 이 4개 단어를 가리켜서 라임Rime이 같다고 말합니다.

52쪽에 있는 '반짝반짝 작은별Twinkle Twinkle Little Star' 노래를 불러볼까요?

Rime 단어, Rhyme 단어

Rime이 같은 단어	Rhyme이 같은 단어
can man ban fan ran tan van yan	rain Jane

노래 가사 끝에 두 단어 'high'와 'sky'를 살펴봅시다. 두 단어는 끝 철자가 다릅니다. 하지만 발음을 해보면 끝소리가 같습니다. 이처럼 철자는 다르지만, 소리가 같을 때 두 단어는 라임Rhyme이 같다고 할 수 있습니다.

이처럼 철자, 소리가 같으면 'Rime'이 같다고 합니다. 반면 철자는 다르고 소리가 같게 끝날 때 'Rhyme'이 같다고 표현합니다. 때로는 두 단어가 같은 뜻으로 사용되기도 하니 참고하세요.

마더구스 핵심은 라임(Rhyme)

마더구스는 단어의 끝 운을 맞춘 형태를 지니고 있습니다. 잘 알려진 마더구스 험티 덤티Humpty Dumpty의 예를 살펴볼까요.

Humpty Dumpty sat on a wall.
Humpty Dumpty had a great fall.
All the King's horses and
all the King's men
Couldn't put Humpty together again.

험티 덤티는 담에 앉아 있었네.
험티 덤티는 아래로 쿵 떨어지고 말았네.
왕의 말들(기병대)과 왕의 군인들(보병대) 모두
험티 덤티를 고쳐주지 못했네.

Humpty Dumpty

짧은 노래 속에 등장하는 인물 험티 덤티 이름을 가만히 살펴볼까요. 험티와 덤티 모두 '-umpty'로 끝납니다. 'wall'과 'fall' 두 단어 역시 철자와 소리가 같은 '-all'로 끝납니다. 이렇게 단어의 끝 운을 맞추는 것이 마더구스의 특징으로, 한 단어 안에서 처음 나오는 모음 이전의 소리를 '초성Onset'이라 하고, 나머지 부분을 '라임Rime'이라고 합니다. 다음 표를 참고하세요. 단어를 듣고, 라임을 구분할 줄 알아야 합니다.

Onset과 Rime

단어	Onset	Rime	단어	Onset	Rime
wall	w	–all	fall	f	–all
call	c	–all	ball	b	–all
tall	t	–all	small	sm	–all

37개 라임(Rime) 단어 리스트

영어에는 친숙한 37개의 '라임Rime'이 있는데, 이 라임을 익혀 놓으면 대략 500여 개 단어를 무리 없이 읽을 수 있습니다. 다음은 37개의 'Rime' 목록과 단어 리스트입니다.

37 Rime 단어 리스트

–ack	back, tack, quack, rack, black, slack, snack
–ail	fail, jail, mail, nail, pail, tail, snail
–ain	pain, main, drain, rain, gain, brain, chain
–ake	bake, cake, lake, make, rake, take, wake, brake, snake
–ale	bale, gale, male, pale, sale
–ame	came, fame, game, lame, same, tame, name
–an	ban, can, fan, man, pan, ran, van, plan, scan
–ank	bank, rank, tank, blank, thank
–ap	cap, gap, map, nap, tap, clap, trap
–ash	bash, cash, hash, mash, crash, trash, splash

–at	bat, cat, fat, hat, matk, pat, rat, sat, flat, that
–ate	fate, gate, late, mate, plate, skate
–aw	caw, jaw, lawm paw, saw, draw, straw
–ay	bay, day, hay, lay, may, pay, say, way, stay, pray
–eat	beat, heat, meat, neat, seat, treat, wheat
–ell	bell, cell, sell, fell, well, shell, smell, spell
–est	best, lest, nest, pest, vest, test, rest, chest, quest, wrest
–ice	dice, mice, nice, rice, price, slice, twice
–ick	kick, lick, pick, sick, brick, chick, quick, stick, trick
–ide	hide, ride, side, wide, bride, pride, slide

-ight	fight, light, might, night, right, sight, tight
-ill	bill, fill, gill, hill, mill, pill, will, chill, drill, drill, skill, spill, still
-in	fin, kin, pin, tin, win, chin, skin, spin, thin, twin
-ine	dine, fine, line, mine, nine, pine, vine
-ing	king, ring, sing, wing, bring, swing, thing, spring
-ink	link, mink, pink sink, wink, drink, think
-ip	hip, sip, tip, chip, ship, skip, trip
-it	bit, fit, hit, kit, lit, sit, knit, quit, split
-ock	dock, lock, rock, sock, clock, knock
-oke	poke, smoke, stroke, broke

-op	hop, mop, pop, top, chop, drop, shop, stop
-ore	core, score, store, chore, shore, sore, more
-ot	cot, dot, hot, lot, not, pot, plot, spot
-uck	buck, duck, luck, tuck, stuck, truck
-ug	bug, dug, hug, jug, mug, rug, tug, drug, plug, snug
-ump	bump, jump, dump, hump, lump
-unk	sunk, dunk, drunk, plunk

크램 사이트(www.cram.com/flashcards/create)에서는 앞서 제시한 37개 라임 단어 리스트를 플래시 카드 형식으로 제공합니다. 영어 단어를 눈으로 확인하고, 클릭해서 소리로 또 한 번 확인할 수 있습니다. QR코드를 확인해보세요.

크램 사이트 37 Rime 플래시카드

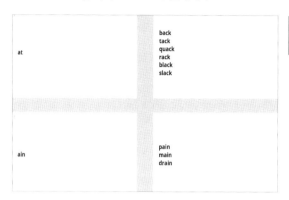

라임 체크 사이트: Rhyme Zone

영어 단어의 끝소리가 같은 단어를 찾기 위해 라임존 사이트(www.rhymezone. com)를 활용해보세요. 1음절 단어, 2음절 단어, 3음절 단어 등 음절별로 다양한 라임 단어를 찾을 수 있습니다.

키즈클럽 사이트 활용하기

엄마표 영어 활용도가 높은 사이트로 키즈클럽(kizclub.com)을 소개합니다. 마더구스 노래 가사를 볼 수 있고, 각 동요에서 중요하게 여겨지는 라임 rhyme 즉 끝소리가 같은 단어도 보기 좋게 정리되어 있습니다. 미니북 자료도 출력해서 사용해보세요.

키즈클럽 마더구스 활동지

Rhymes & Songs

Blow, Wind, Blow

Patterns / Minibook / -ow

Baa Baa Black Sheep

Patterns / Minibook / -ool

Down By The Bay

Patterns / Minibook

Hot Cross Buns

Patterns new

Hickety Pickety Black Hen

Patterns / Minibook / -en

Hey Diddle Diddle

Patterns / Minibook / -oon

아이가 최초로 접하는 문학 마더구스

마더구스는 압축된 형태의 문학 구조로 되어 있습니다. 문학 구조로 되어 있다는 말은 작품 속에 인물, 사건, 배경이 들어 있다는 것입니다. 또한 마더구스에서 만난 다양한 인물들은 영어 동화책이나 영어 영상물 혹은 영화 속에서 다시 만나게 됩니다.

유명한 마더구스 캐릭터인 험티 덤티Humpty Dumpty는 영화 〈이상한 나라
의 앨리스〉에 등장합니다. 영화 〈장화 신은 고양이〉에서는 험티 덤티가
주인공으로 나옵니다. 유리슐레비츠Uri Shulevitz의 동화책《Snow》뒷부분에
서도 험티 덤티를 볼 수 있습니다.《After the Fall》에서는 그동안 전해 내
려왔던 이야기의 주인공 험티 덤티와는 달리 알을 깨고 하늘을 날아오르

마더구스 캐릭터를 볼 수 있는 동화책

Snow

After the Fall

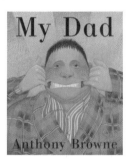
My Dad

마더구스 캐릭터를 볼 수 있는 영화

이상한 나라의 앨리스

장화 신은 고양이

슈렉

는 모습이 인상적입니다. 이처럼 험티 덤티 캐릭터를 책과 영상에서 만나는 즐거움을 느낄 수 있습니다.

유명한 마더구스 'Hey Diddle Diddle' 노래 장면 또한 여러 동화책에서 만날 수 있습니다. 앤소니 브라운Anthony Browne의 《My Dad》에서는 아빠가 달을 뛰어넘는 장면이 나오는데 'The cow jumped over the moon'의 가사를 패러디한 장면입니다. 따뜻한 삽화가 어우러진 고전 아동 문학 《Goodnight Moon》에서도 페이지마다 숨어 있는 마더구스 캐릭터를 볼수 있습니다. 《The Jolly Postman or Other People's Letters》에서는 종합선물 세트처럼 마더구스 캐릭터를 만날 수 있습니다. 영화 〈슈렉〉에서도 마더구스 캐릭터들이 대거 등장합니다. 이처럼 마더구스 캐릭터는 각종 영화와 책 속에서 살아 움직입니다. 이것이 마더구스를 아는 재미입니다.

귀에 익은 마더구스 모음

들어보면 친숙한 마더구스를 정리했습니다. 자주 불러서 영어 리듬감과 소리에 익숙해질 수 있도록 해주세요.

Jack and Jill

Jack and Jill went up the hill
To fetch a pail of water.
Jack fell down
And broke his crown
And Jill came tumbling after.

London Bridge Is Falling Down

London Bridge is falling down,
Falling down, falling down.
London Bridge is falling down,
My fair lady.

Ring-a-Round the Rosie

Ring-a-round the rosie,
A pocket full of posies.
Ashes! Ashes!
We all fall down.

Round and Round the Garden

Round and round the garden
Like a teddy bear.
One step, two steps
And tickly under there.

Hickory Dickory Dock

Hickory, dickory, dock.
The mouse ran up the clock.
The clock struck one.
The mouse ran down!
Hickory, dickory, dock.

Mary Had a Little Lamb

Mary had a little lamb.
Its fleece was white as snow.
And everywhere that Mary went
The lamb was sure to go.

Twinkle, Twinkle, Little star

Twinkle, twinkle, little star,
How I wonder what you are.
Up above the world so high,
Like a diamond in the sky.
Twinkle, twinkle, little star,
How I wonder what you are.

Rain, Rain, Go Away

Rain, rain, go away.
Come again another day.
Little Jonny wants to play.
Rain, rain, go away.

Are You Sleeping?

Are you sleeping?
Are you sleeping?
Brother John?
Brother John?
Morning bells are ringing.
Morning bells are ringing.
Ding, ding, dong.
Ding, ding, dong.

Rock-a-bye, baby

Rock-a-bye, Baby, on the tree top,
When the wind blows
the cradle will rock;
When the bough breaks,
the cradle will fall
And down will come baby,
cradle and all

Hot Cross Buns

Hot cross buns!
Hot cross buns!
One a penny, two a penny,
Hot-cross buns!

The Itsy Bitsy Spider

The itsy bitsy spider
Went up the waterspout.
Down came the rain
And washed the spider out.
Out came the sun
And dried up all the rain
And the itsy bitsy spider
Went up the spout again.

This Little Piggy Went to Market

This little piggy went to market,
This little piggy stayed home,
This little piggy had roast beef,
This little piggy had none,
This little piggy cried
"Wee! Wee! Wee!"
All the way home.

Bingo

There was a farmer had a dog.
And Bingo was his name-o.
B-I-N-G-O, B-I-N-G-O, B-I-N-G-O
And Bingo was his name-o.

Baa, Baa, Black Sheep

Baa, baa, black sheep
Have you any wool?
Yes, sir, yes, sir,
Three bags full.
One for the master,
And one for the dame,
And one for the little boy
Who lives down the lane.

Hey, Diddle, Diddle

Hey, diddle, diddle
The cat and the fiddle,
The cow jumped over the moon.
The little dog laughed
To see such sport.
And the dish ran away
with the spoon.

주제로 나눈 마더구스

마더구스를 주제별로 나누어 영어 교육에 활용할 수 있습니다. 숫자, 동물, 시간, 날씨 등 영어학습 초기에 익혀야 하는 요소가 있습니다. 다음 제시된 표의 마더구스를 참고하여 학습 주제를 익혀보세요.

주제별 마더구스 목록

주제	마더구스 목록
Animals	Baa, Baa, Black Sheep, Little Bo Peep
Counting	One, Two, Buckle My Shoe, Once I Got a Fish Alive
Pets	Mary Had a Little Lamb, Old Mother Hubbard
Time/Money	Hickory Dickory Doc, Hot Cross Buns
Weather	Rain, Rain, Go Away, The Itsy Bitsy Spider
Bed time	Rock-a-bye Baby, Are you Sleeping?

마더구스 웹사이트 활용법

전래동요 마더구스를 온라인에서 손쉽게 만날 수 있습니다. 구텐베르크 사이트(www.gutenberg.org)에 수록된 500편 이상의 마더구스를 확인해보 세요. 우리에게 익숙하지 않은 마더구스가 많습니다. 따라서 구텐베르크 사이트에 올라온 마더구스 노래를 모두 부르려 애쓰지 말고, 추후 읽기 용 텍스트로 활용해보기 바랍니다. 마더구스는 가장 짧은 문학작품입니 다. 읽고 나서 주인공은 누구인지, 어떤 일이 일어났는지 리텔링retelling시 켜보세요.

구텐베르크 온라인 마더구스 모음

다양한 마더구스 활동 자료가 많은 사이트를 소개합니다. 색칠놀이를 할 수 있는 컬러링 페이지를 비롯한, 마더구스 미니북을 만들 수 있는 자료 및 수업 아이디어를 얻을 수 있습니다. 인챈티드러닝닷컴(www.enchantedlearning.com/Rhymes.html)에서는 다음에 제시된 마더구스 관련 퀴즈도 볼 수 있습니다.

마더구스 퀴즈 문제

1. How many bags of wool did Baa Baa Black Sheep have?

   (Baa Baa Black Sheep had three bags full.)

2. What did the dish do in Hey Diddle Diddle?

   (The dish ran away with the spoon.)

3. What did the mouse do before the clock struck one?

   (The mouse ran up the clock.)

4. Where did Jack and Jill go? Why?

   (Jack and Jill went up the hill to fetch a pail of water.)

5. Why did the old lady swallow a cat?

   (She swallowed a cat to catch a fly.)

마더구스는 전문 채널인 마더구스 클럽mothergooseclub.com이나 수퍼 심플 송supersimple.com 홈페이지를 방문해보세요. 마더구스 컬러링 자료와 다양한 활동 아이디어를 얻을 수 있습니다. 보물 같은 정보가 가득한 핀터레스트www.pinterest.co.kr 사이트에서도 마더구스를 검색해보세요. 만들기, 미술 활동 등 여러 놀이 방법을 확인할 수 있습니다.

마더구스 클럽 홈페이지

수퍼 심플 송 홈페이지

핀터레스트 홈페이지

마더구스 영상 활용하기

영상과 음원 자료는 유튜브 채널에서 코코멜론, 마더구스 클럽을 검색해

보세요. 앞에서 소개한 위씽의 경우 노래 대부분을 유튜브에서 들을 수

있습니다. 차를 타고 오가며 들을 수 있고, 아이들이 놀고 있을 때 마더구스를 들려주면서 영어 소리와 친숙해질 기회를 자주 만들어 주세요. 코코멜론은 유튜브 외에 쿠팡플레이와 넷플릭스 등의 OTT 서비스로 볼 수 있습니다.

코코멜론
코코멜론은 유튜브 채널, 쿠팡플레이와 넷플릭스에서 시청할 수 있습니다.

라임타임타운
마더구스 캐릭터들의 신나는 모험을 이야기 애니메이션으로 만나보세요. 드림웍스가 제작한 라임타임타운은 넷플릭스에서 볼 수 있습니다.

아이에게 영어를 스며들게 하기 위한 좋은 방법으로 무엇이 있을까요? 아기가 처음 태어났을 때를 기억해보세요. 아이와 눈을 맞추면서 미소를 보내주고, 기저귀를 갈면서 아이의 몸을 살피고, 수시로 아이를 안아주었습니다. 부드러운 손길과 토닥거림을 느끼면서 아이는 사랑을 배우게 됩니다. 엄마의 부드러운 음성으로 불러주는 영어 노래는 아이에게 편안함을 선물합니다. 노래를 부르며 아이와 즐거운 추억을 만들어보세요. 듣기로 시작하는 엄마표 영어, 마더구스를 따라 부르고, 책과 영상에서 캐릭터를 찾아보면서 아이의 영어 실력은 쑥쑥 자라납니다.

Tips!

칭찬의 말

아이들이 작은 성취를 해낼 때마다 칭찬해주세요. 다음은 영어로 할 수 있는 다양한 칭찬의 말Ways to Praise입니다.

Outstanding!	Excellent!	Well done!
Great!	Good!	Good job!
Remarkable!	I knew you could do it!	Wow!
Way to go!	Super!	You're special!
I'm proud of you!	Fantastic!	Nice work!
Now you've got it!	You're incredible!	You're on your way!
How nice!	How smart!	That's incredible!
Good for you!	You're precious!	Super work!
You figured it out!	Fantastic job!	Awesome!
Creative job!	Super job!	You are right!
You're growing up!	Outstanding performance!	You're a good child!
I trust you!	You make me happy!	You make me smile!
I respect you!	That's correct!	You're a joy!
You're a treasure!	You're wonderful!	You're perfect!

어제를 통해 배우고, 오늘을 통해 살아가고,

내일을 통해 희망을 가져라.

Learn from yesterday, live for today,

hope for tomorrow.

– 알버트 아인슈타인, 과학자

2장

알파벳

엄마 어릴 때와는 다르게 우리 아이들은 영어 소리에 일찍부터 노출됩니다. 그 영향으로 큰 노력을 기울이지 않아도 어린 나이에 알파벳을 떼거나 영어책을 줄줄 읽는 경우가 있습니다. 보통은 영어 문자의 경우 적절한 시기에 익혀야 합니다. 너무 어릴 때부터 문자를 학습적으로 가르치기보다는 학령기 이후가 발달상으로 적당합니다. 이를 반영하여 우리나라 초등 공교육에서는 3학년 때부터 알파벳 학습을 시작합니다. 그런데 이때부터 영어 학습의 격차가 생기기 시작한다는 것을 아시나요? 알파벳을 단순히 읽을 수 있다고 알파벳을 다 뗐다고 볼 수는 없습니다. 영어 학습의 기본인 알파벳을 제대로 익히는 것은 꼭 필요합니다.

알파벳에 관심을 보일 때가 적기다

알파벳 학습 이전에 우리 아이가 영어 소리 환경에 노출되어 있고, 듣기를 통해 영어라는 언어의 체계를 머릿속에 어느 정도 가지면 좋습니다. 점차 아이가 알파벳 글자에 관심을 가지고 영어를 읽어 보려고 시도한다면, 그때가 알파벳을 적극적으로 노출할 수 있는 적기입니다.

문자는 너무 어릴 때 학습적으로 가르치면 오히려 역효과가 납니다. 무엇보다 아이가 준비되어 있을 때 가르치는 것이 좋습니다. 학자들은 이 부분을 여섯 가지의 초기 문해 기술Early Literacy Skills로 설명하고 있어요.

다음 표를 보고 내 아이가 문자 학습 준비가 되어 있는지 체크해 보세요.

초기 문해 기술 평가(ELSA: Early Literacy Skills Assessment)

문자학습 준비 체크하기

- **어휘(Vocabulary)**
  사물의 이름을 얼마나 알고 있나요?
  (원어민 기준 초등 입학 전 3,000~5,000 단어를 알게 됨)

- **인쇄물 관심도(Print Motivation)**
  책에 관심이 있고, 책을 좋아하나요?

- **인쇄물 개념(Print Concept)**
  책의 표지를 구분할 줄 알고 책을 읽을 때는 왼쪽에서 오른쪽으로, 위에서 아래로
  읽어야 한다는 것을 알고 있나요?

- **글자 지식(Letter Knowledge)**
  문자에 이름이 있고, 고유한 소리를 가지고 있다는 것을 알고 있나요?

- **서사 기술(Narrative Skills)**
  사물과 사건을 묘사하고 이야기를 전달할 수 있나요?

- **음운 인식(Phonological Awareness)**
  단어를 이루는 소리를 듣고 구별하고 조작할 수 있나요?

쉽고 재밌게 시작하는 알파벳

문자를 배울 준비가 된 친구에게 알파벳을 본격적으로 노출해 볼게요. 영어의 문자는 A부터 Z까지 모두 26개의 철자인 알파벳alphabet으로 구성됩니다. 알파벳 각각의 철자가 합쳐져 영어 단어가 만들어지죠. 따라서 알파벳은 영어를 읽고 쓰는데 가장 기본이 됩니다.

알파벳을 다 안다고 말하려면 알파벳에 대한 지식alphabet knowledge이 있어야 해요. 이것은 여러 가지 요소를 포함하고 있습니다. 우선 알파벳 순서와 이름을 알고, 각각 생긴 모양을 알아야 해요. 알파벳 대문자와 소문자를 연결할 수 있어야 하고, 쓸 수도 있어야 합니다. 마지막으로 각 글자의 소리까지 알아야 합니다. 지금부터는 알파벳의 세 가지 핵심 요소를 중점적으로 살펴보겠습니다.

자석 글자로 단어 만들기

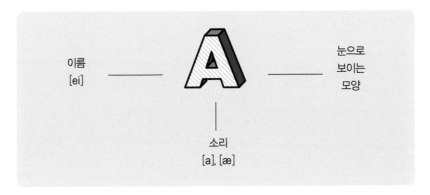

알파벳의 3요소

알파벳의 이름을 알고 있나요?

나에게 나만의 이름이 있듯, 알파벳 글자는 고유의 이름을 가지고 있습니다. 따라서 A부터 Z까지 총 26개의 알파벳 글자의 이름을 알아야 합니다. Aa의 이름이 [에이], Bb의 이름이 [비:]라는 알파벳의 이름을 가장 먼저 알려주세요. 이름은 소리와는 다르게 언제나, 어떤 상황에서든 똑같기 때문입니다.

① 알파벳 노래 부르기

아이들과 알파벳 노래를 함께 부르며 알파벳의 순서 및 이름을 자연스럽게 노출해줄 수 있습니다. 국민 동요 알파벳 송을 엄마가 직접 불러 주세요. 유튜브에서 몇 가지 노래를 들려주고 아이의 반응이 좋은 노래를 반복해서 들려줄 수도 있습니다. 유아의 경우는 음원만 노출해 주는 것이 좋고, 아동기에는 영상을 함께 보여주면 알파벳 모양 익히기까지 도움을 받을 수 있습니다.

The ABC Song | KidsTV123
귀에 익숙한 멜로디, 대소문자를 함께 익힐 수 있는 영상

ABC Song | Preschool Prep Company
아주 어린 아가들부터 잘 보는 프리스쿨 프랩 알파벳 노래

The Alphabet Is So Much Fun | Super Simple Songs
아이돌 가수가 부르는 느낌의 경쾌한 알파벳 노래

② 엘레메노(elemeno) 현상

알파벳 노래를 반복해서 듣고 노래만 따라 부르는 친구들이 하는 흔한 실수가 있어요. 바로 L, M, N, O가 하나의 글자인 줄 아는 거예요. 따라서 알파벳 노래가 귀에 익숙하고 알파벳 글자를 배우는 초등학생의 경우에는, 노래를 부를 때 알파벳 글자를 함께 보며 노래를 부를 수 있게 해주세요. 책이나 포스터 등을 활용하여 철자를 하나씩 짚어가며 알파벳 노래를 부르면, 알파벳의 이름과 글자 모양을 함께 익힐 수 있습니다.

알파벳을 손으로 짚으며 노래 부르기

알파벳 모양을 구분할 줄 아나요?

알파벳 글자의 이름을 안 후, 글자의 서로 다른 모양을 구분할 수 있어야 합니다. 알파벳은 26개 글자로 이루어지지만, 대문자와 소문자로 나누어지죠(예: A/a). 따라서 아이들은 총 52개의 글자 모양을 구분해야 합니다. 이는 꽤 많은 양이기에 눈으로 많이 보며 친숙해지는 것이 필요합니다.

① 헷갈리는 알파벳 구별하기

공간지각 개념이 아직 발달하기 전에 문자 학습을 너무 빨리 시작한 경우 알파벳을 거꾸로 쓰기도 합니다. 보통은 아이가 커 가면서 좋아지지만, 그냥 놔둔다고 고쳐지지도 않습니다. 이 부분에 대한 훈련이 필요하고 한번 자리 잡으면 고치기도 쉽지 않기 때문에 처음에 가르칠 때 제대로 가르쳐주는 것이 매우 중요합니다.

또한 알파벳을 가르칠 때 시각적으로 혼동이 있을 수 있는 특정 알파벳은 한꺼번에 알려주지 않는 것이 좋아요. 예를 들어, 소문자 b와 d는 초등학생도 종종 헷갈리는 쌍입니다. 첫사랑의 기억이 강렬하듯, 처음에 제대로 구분하여 잘 배울 수 있게 소개할 때부터 신경 써주면 좋습니다. 다음 표는 아이들이 혼동하기 쉬운 알파벳을 정리했습니다.

혼동하기 쉬운 글자 쌍 Confusable Letter Pairs[1]

소문자		대문자	
b–d	m–w	C–G	M–N
h–n	n–u	D–O	M–W
i–j	p–q	E–F	O–Q
i–l	u–v	I–L	P–R
m–n	v–y	K–X	U–V

② 알파벳 모양 만들기

모루, 점토, 색 모래 등 다양한 재료를 활용하여 알파벳 글자 모양을 만

점토로 알파벳 글자 만드는 예시

들어 보세요. 아이들은 활동 자체에 재미를 느낄 뿐 아니라, 자신이 직접 만든 알파벳을 오랫동안 기억하는 데 도움이 됩니다.

---

1 Blevins, W. 2006. *Phonics From A to Z*, New York, NY: Scholastic.

문자 모양을 이야기로 알려주세요.

예: 알파벳 소문자 b와 d 구분하기

엄마: "보이니? 엄마 B가 아기 b를 안고 있어."

엄마: "손으로 bed를 만들어 보자."

1. 왼손으로 소문자 b를 만들고 오른손으로는 소문자 d를 만든다.

2. 두 손가락 사이에 e가 있다고 상상하고 bed라고 말해 본다.

3. 두 글자가 헷갈릴 때마다 손가락으로 침대를 만들고, 침대 그림을 연상해 본다.

소문자 b, d 기억하는 방법 예시

③ 알파벳 동작하며 만들기

손가락이나 몸을 움직여 알파벳 모양을 표현해 봅니다. 나 혼자 혹은 엄마랑 같이 몸으로 알파벳 문자를 만드는 과정에서 알파벳 모양을 바르게 익히게 됩니다.

알파벳 모양을 몸으로 만들어 볼 수 있는 알파벳 노래

Alphabet Dance | A*List
알파벳 대문자를 신나는 비트와 함께 몸으로 만들어 볼 수 있는 인기 만점 영상

Human Alphabet | Kiddos World TV
줄 맞춰 쓰인 알파벳 대문자를 사람들의 몸으로 만드는 방법을 직접 보여주는 영상

④ 알파벳 쓰기

손에 힘이 있는 친구라면, 알파벳을 줄에 잘 맞춰 쓰기를 병행합니다. 획순의 경우 영어의 알파벳은 한글과 다르게 하나로 정해진 것은 없습니다. 하지만 공통적으로 직선은 위에서 아래로 내려서 쓰고, 곡선은 보통 반시계 방향으로 시작합니다. 이 부분을 처음에 잘 가르쳐주세요. 한번 자리를 잘못 잡으면 고치기가 매우 어렵기 때문입니다. 따라서 아이가 쓰기 시작하면 잘 쓰고 있는지 쓰는 것을 관심 있게 봐야 합니다. 아이들은 알파벳을 직접 쓰면서 알파벳 이름을 복습하고, 모양을 제대로 익힐 수 있습니다.

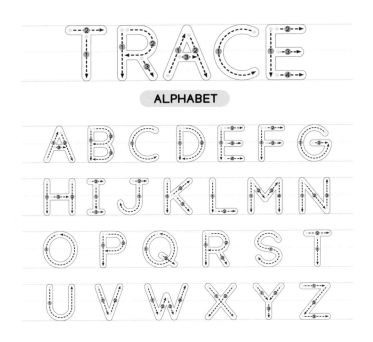

알파벳 획순 쓰기 예시

알파벳은 줄이 그어져 있는 영어 노트에 써볼 수도 있습니다. 무료 사이트에서 출력하여 사용하면 편리합니다.

알파벳 워크시트를 출력할 수 있는 사이트

Super Simple Songs
알파벳 색칠 놀이, 글자 쓰기, 알파벳 찾기 등
출력할 수 있는 자료가 다양함

Alphabet Letter Tracing Worksheets | Kiddo
알파벳 워크시트를 출력하여 줄 맞춰 써 볼 수
있는 사이트. 알파벳, 대표 단어, 대문자 및 소문
자 쓰기까지 한 페이지로 마무리할 수 있음

시중에 출간된 교재를 활용하여 알파벳을 정리해도 좋습니다. 책을 한 권씩 마무리하면서 아이들은 성취감을 느낄 수 있습니다.

알파벳 쓰기를 연습할 수 있는 교재

7살 첫 영어 알파벳 ABC

알파벳 무작정 따라하기

Highlights 알파벳

Printing Practice for
Beginners

Letters and Sounds
Grade K

SKILL SHARPENERS
Reading PRE-K

알파벳 소리를 알고 있나요?

알파벳의 세 가지 요소 중에서 가장 중요한 개념은 바로 알파벳 소리_{음가}를 아는 것입니다. 아이들이 영어가 어렵다고 느끼는 이유는 알파벳 하나가 언제나 하나의 소리만 나는 것이 아니기 때문이에요. 즉, 알파벳 소리의 개수는 알파벳의 개수인 26개보다 훨씬 많은 44개입니다. 예를 들어 알파벳 A는 이름과 소리가 이렇게 다릅니다.

알파벳 A의 이름과 소리 예시

Aa

알파벳 이름	알파벳 소리(음가)
2 [ei] / [에이]	[æ] / [애] as in ant [e] / [에] as in any [ə] / [어] as in Canada

알파벳의 소리를 알아야 아이들은 소리가 모여 단어가 된다는 개념을 쉽게 이해하게 됩니다. 이 부분이 바로 직접적으로 글자와 소리의 관계인 파닉스의 기초가 되므로 시간과 공을 들여 알파벳 대표 음가를 정확하게 습득할 수 있게 도와주세요.

① 알파벳 대표 음가 알기

처음 알파벳을 배우는 단계에서는 한 알파벳의 대표 음가 한 개만 가르

---

2 이 책에서는 발음은 [ ] 안에 표기, 국제 음성 기호인 IPA(International Phonetic Alphabet)를 따릅니다.

쳐 주세요. 예를 들어, g의 기본 음가는 gorilla의 첫소리인 [g]입니다. 하지만 giraffe의 첫소리는 [ʤ]이죠. 첫 시작 단계에서는 대표 음가인 [g] 하나만 가르쳐주면 충분합니다.

다음은 알파벳의 음가와 음가로 시작하는 동물 주제 단어의 예시입니다. 아이가 정확히 모르는 음가에 표시해 보고 부족한 부분에 집중해 보세요.

알파벳과 기본 음가, 대표 단어의 예시

알파벳	음가		예시 동물 단어	
Aa	[æ]	[애]	alligator	악어
Bb	[b]	[브]	butterfly	나비
Cc	[k]	[크]	cow	젖소
Dd	[d]	[드]	dog	개
Ee	[e]	[에]	elephant	코끼리
Ff	[f]	[프]	frog	개구리
Gg	[g]	[그]	goat	염소
Hh	[h]	[흐]	hippo	하마
Ii	[I]	[이]	iguana	이구아나
Jj	[ʤ]	[즈]	jellyfish	해파리
Kk	[k]	[크]	kangaroo	캥거루
Ll	[l]	[을]	lion	사자
Mm	[m]	[음]	monkey	원숭이
Nn	[n]	[은]	narwhal	일각고래
Oo	[ɑː]	[아]	octopus	문어
Pp	[p]	[프]	panda	판다
Qq	[kw]	[쿼]	quokka	쿼카
Rr	[r]	[르]	rabbit	토끼
Ss	[s]	[스]	snake	뱀
Tt	[t]	[트]	turtle	거북이
Uu	[ʌ]	[어]	umbrellabird	우산새

Vv	[v]	[브]	vole	들쥐
Ww	[w]	[워]	wolf	늑대
Xx	[ks]	[크스]	x-ray fish	투명어
Yy	[j]	[여]	yak	야크
Zz	[z]	[즈]	zebra	얼룩말

*X의 기본 음가는 [ks]입니다. 해당 단어로는 fox, ox가 있습니다. 위 도표 x-ray fish는 하단 동영상에 나온 동물 단어 예시에서 발췌했습니다.

동물 알파벳 영상 예시

Alphabet Animals I Bounce Patrol
알파벳 대문자와 소문자, 첫소리로 시작하는 동물 단어를 동물 옷을 입은 사람을 통해 즐겁게 배울 수 있음

② 적극적으로 영상 활용하기

알파벳 음가가 중요하지만, 엄마가 정확히 알려주기는 쉽지 않습니다. 따라서 영상을 적극적으로 활용해 보세요. 특히 원어민의 입 모양을 볼 수 있는 영상은 [f]처럼 우리말에 없는 음가를 발음하는 데 도움이 됩니다. 내 아이가 좋아하는 영상을 찾아 반복해서 함께 봅니다.

*검색어: alphabet letter sound, phonics sound song

알파벳 소리 익히는 사이트 예시

Phonics Song 3 I KidsTV123
알파벳 이름, 소리, 첫소리로 시작하는 단어까지 속도감 있게 익힐 수 있는 영상

Alphabet Song | Letter Sounds | Patty Shukla Kids TV

알파벳 대문자와 소문자, 첫소리로 시작하는 단어 및 수어까지 배울 수 있는 영상

Interactive phonics song | Barbara Milne

알파벳 글자, 소리, 단어를 그림과 함께 아이의 입과 동작으로 익히는 영상

Learning Letter Sounds | Version 3 | Jack Hartmann

대소문자 형태, 소리, 단어를 익힐 수 있고 특히 발음하는 입 모양을 직접 볼 수 있는 영상

③ 교재 부가 자료 활용하기

파닉스 교재 시리즈의 첫 권은 대부분 알파벳을 다루고 있습니다. 이때 교재의 부가자료가 있는 경우 적극 활용하세요. 시각과 청각이 동시에 자극되어 알파벳을 재미있게 기억할 수 있습니다. 또한 알파벳으로 시작하는 단어를 익히고 나아가 문장까지 접할 좋은 기회입니다.

알파벳 교재 소개 예시

Oxford Phonics World

앱을 다운 받아 재미있게 알파벳을 익힐 수 있음(교재 구매자 대상)

5가지 방법으로 알파벳 노출하기

알파벳은 연령 및 흥미에 맞게 노출할 수 있습니다. 아이에게 맞는 활동을 골라 재미있게 시작해 보세요. 그림 그리기, 색칠 놀이 등을 꾸준히 하며 운필력을 키워주고, 알파벳 블록, 자석 알파벳 등의 교구를 활용하면 알파벳 지식을 재미있게 이해하는 데 도움이 됩니다.

알파벳 가르치는 순서

알파벳을 가르치는 순서는 학자마다 견해가 다릅니다. 가장 먼저 알파벳의 이름 순서대로 가르칠 수 있습니다. 텍스트에서 많이 만나게 되는, 빈도수가 높은 알파벳부터 가르칠 수도 있습니다. 대문자와 소문자가 비슷하게 생긴 글자부터 가르치는 방법도 있죠. 아니면 다른 글자와 조합 blending이 잘 되는 글자부터 가르칠 수도 있어요. 과연 무엇이 가장 좋은 방법일까요?

알파벳 가르치는 순서 예시

	방법	순서 예시
1	알파벳의 이름 순서	예: a, b, c, d, ...z
2	빈도수 높은 알파벳부터	예: s, a, t, p, i, n
3	대문자와 소문자 비슷한 글자부터	예: C, c, X, x
4	조합이 쉬운 글자부터	예: f, m, n, r, s

우리 집 상황에 맞게 진행하면 됩니다. 보통 우리나라에서는 알파벳의 이름인 a부터 z까지의 순서대로 가르치는 것이 일반적입니다. 알파벳 순서를 직관적으로 알 수 있는 알파벳 노래로 알파벳 이름과 순서를 자연스레 노출시켜봅시다. 처음에 어떻게 알파벳을 익히느냐가 중요하기에 재미있고 기억에 남을 수 있게 잘 가르쳐주는 노력이 필요합니다.

알파벳 플래시 카드 활용하기

플래시 카드는 가장 쉽게 알파벳을 노출할 수 있는 교구입니다. 직접 만들어서 사용할 수도 있고, 구매하여 사용할 수도 있습니다. 플래시 카드를 사용하여 알파벳 이름, 모양, 소리 노출을 모두 할 수 있어요. 장난감처럼 가지고 놀면서 눈에 익숙해지게 해주세요.

Flashcards: The Alphabet | *Evan Moor*
하나의 상자 안에 두 가지 종류의 플래시 카드가 들어 있음(56장)
1. 알파벳 카드: 알파벳 대문자, 소문자, 대표 단어 수록
2. 라인 플래시 카드(Line flashcard): 선에 맞춰 쓰는 법을 배울 수 있음

활용법
1. 알파벳 이름: "이 글자가 뭐지?"
2. 알파벳 소리: "무슨 소리가 나더라?"
3. 알파벳 쓰기: "노트에 줄 맞춰서 써보자."

알파벳 포스터 활용하기

자연스러운 알파벳 글자 노출을 위해 알파벳 포스터를 활용할 수 있습니다. 오며 가며 알파벳 글자가 눈에 익숙해지게 만들어주면 없던 관심도 조금씩 생겨납니다. 시중에서 판매하는 알파벳 포스터를 활용할 때는 다음과 같은 부분을 고려합니다.

알파벳 포스터 예시

① 알파벳 대문자와 소문자가 함께 있는 것이 좋습니다. 함께 가르치는 것이 경제적이에요.

② 알파벳으로 시작하는 대표 단어가 함께 나와 있는 경우, 알파벳의 대표 음가로 시작하는 단어인지 확인합니다. 모음의 경우 단모음 소리가 기본 음가입니다.

알파벳 책 만들기

간단히 아이가 그림 그리고 글자를 써 보며 아이만의 알파벳 책을 만들어 볼 수 있습니다. 알파벳 대문자와 소문자 쓰기, 해당 알파벳으로 시작하는 단어를 그림 그리고 적어 보며 알파벳과 친숙해집니다.

알파벳 책 만들기 예시

작은 책의 형태는 인터넷 검색으로 무료 워크시트를 받아 사용할 수도 있습니다. 검색창에 'alphabet minibook'을 넣어 보세요. 그중 활용하기 좋은 두 가지를 소개합니다.

알파벳 미니북 사이트 예시

Kindergarten Mom
알파벳 글자 여섯 개의 단어를 색칠하며 익힐 수 있는 알파벳 미니북 제공

Abby the Pup
알파벳 글자를 줄에 맞춰 쓰고, 단어 그림 색칠 하는 알파벳 미니북 제공

미니북 외에도 알파벳 관련 워크시트를 제공하는 사이트가 많습니다. 무조건 자료를 많이 받아 놓기보다는 필요할 때 적절하게 활용하세요. 알파벳 단계에서 힘을 많이 쏟을 필요는 없습니다.

EBSe 활용하기

EBSe에서는 무료로 영어 공부할 수 있는 학습 영상을 누구에게나 제공하고 있습니다.

알파벳 단계에서는 다음의 세 가지 콘텐츠를 추천합니다.

- 알파벳과 친해져요: 알파벳 읽는 법과 발음하는 방법을 노래로 배울 수 있습니다.
- 알파벳 스토리: 동화를 보며 알파벳의 소리, 영단어와 문장까지 학습할 수 있어요.
- 알파벳 발음 익히기: 유아 대상, 발음을 집중적으로 배울 수 있어요.

EBSe 사이트

EBSe
다양하게 영어 공부할 수 있는 영상을
제공하는 사이트
EBSe 홈페이지나 앱에서 시청 가능

알파벳 그림책 활용하기

알파벳 주제로 만들어진 아름다운 알파벳 그림책을 활용해 보세요. 책만 읽었을 뿐인데 알파벳과 알파벳으로 시작하는 단어를 자연스럽게 익힐 수 있습니다. 또한 아름다운 그림에 푹 빠져들게 됩니다.

추천 알파벳 동화책

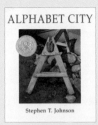

Alphabet City
집 주변 사물에서 찾는 ABC

Me! Me! ABC
노래와 함께 익히는 ABC

Today I Feel...
감정을 나타내는 ABC

B Is for Box–
The Happy Little Yellow Box
놀이하며 익히는 ABC

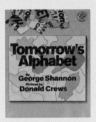

Tomorrow's Alphabet
내일의 알파벳을 찾는 책

I Spy: An Alphabet In Art
미술작품에서 찾는 ABC

Ape in a Cape
칼데콧 수상작(1953)

Dr. Seuss's ABC
두운이 맞춰진 구문까지 익히는 책

LMNO Peas
알파벳 단어 소개하는 콩

Chicka Chicka Boom Boom
스토리가 재미있는 책

Z is for Moose
라임과 말장난으로 재미 주는 책

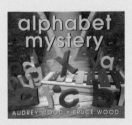

Alphabet Mystery
미스터리가 있는 재미있는 책

정리해요!

영어 문자에 처음 관심을 보이는 우리 아이와 함께 손을 잡고 밖으로 나가보세요. 나

뭇가지에서 찾은 Y, 창문에서 찾은 H 등 알파벳 찾기 놀이를 해볼까요? 아이가 생

활 속에서 알파벳의 주요 3요소, 이름, 모양, 소리를 익힐 수 있도록 잘 이끌어주세요.

단, 시기적으로 무작정 너무 빨리 가르치거나 반대로 너무 늦지 않으면 좋습니다. 아이

가 관심을 가지고 준비가 되었을 때 알파벳을 익힐 수 있게 해주세요. 이때 내 아이가

좋아하는 방법을 찾아, 내가 편하게 할 수 있는 범위에서 부담 없이 진행해야 지치지 않

습니다.

알파벳 학습은 무엇보다 복습이 매우 필요합니다. 단기간에 완성되지 않을 수 있다는

것을 이해하고 내 아이의 성향, 관심에 맞게 노출해 주세요. 알파벳 그림책 속에서 그림

과 글자를 매칭하면서 알파벳을 서서히 익히는 방법을 추천합니다.

알파벳 점검표를 활용하여 우리 아이가 알파벳을 제대로 알고 있는지 확인해 보세요.

부족한 부분을 채우는 데 도움이 될 수 있습니다.

알파벳 점검표

□ A부터 Z까지 알파벳의 순서를 안다.

□ 알파벳 글자의 이름을 안다.

□ 알파벳 모양을 안다.

□ 대소문자 매칭을 할 수 있다.

□ 알파벳 기본 음가를 안다.

□ 알파벳을 정확히 쓸 수 있다.

3장

파닉스

언어 발달에 있어 듣기와 말하기와는 다르게 읽기와 쓰기는 저절로 습득되지 않습니다. 즉, 문자

학습은 누구에게나 꼭 필요합니다. 우리 아이가 알파벳에 관심을 보이고 음가를 알기 시작하면

파닉스(phonics)를 가르칠 수 있습니다. 이 장에서는 파닉스가 무엇이고, 어떤 부분에서 아이들에

게 도움되는지 중점적으로 살펴보겠습니다.

파닉스가 중요한 이유

우선 파닉스phonics라는 단어를 이해하기 위해 단어의 어원을 살펴보겠습니다. phonics는 소리를 나타내는 'phone'과 학문을 나타내는 '-ics'가 합쳐진 말입니다. 즉, 파닉스란 소리를 연구하는 학문을 말합니다. 초기 읽기 단계에서 발음을 중심으로 어떻게 읽고 쓰는지를 가르치는 방법이 바로 파닉스입니다. 영어 소리의 최소 단위인 음소phoneme를 제대로 인식하는 것부터 시작하여 체계적으로 파닉스를 가르친다면, 읽기를 처음 시작하는 아이들에게 긍정적인 영향을 미칩니다.

파닉스의 어원

phonics= phone + -ics
(=소리)   (=학문)

파닉스의 필요성

영어가 어렵게 느껴지는 이유는 한국어와 다른 영어의 특성 때문입니다. 한국어는 소리 언어로 철자와 발음이 항상 같습니다. 하지만 영어는 문자와 발음이 늘 일치하지 않습니다. 예를 들어, 알파벳 O의 경우 기본 음가는 입을 크게 벌려 내는 소리인 [ɑː] [아-]이지만 다음과 같이 다른 소리도 냅니다.

알파벳 O의 다양한 소리의 예

hot [ɑː]	wolf [ʊ]
women [ɪ]	lose [uː]
love [ʌ]	radio [oʊ]
lemon [ə]	one [wʌ]

　　보통 읽기를 처음 시작할 때 배우는 소리와 문자의 관계인 파닉스 규칙 또한 모든 상황에 적용되지는 않습니다. 하지만 영어 단어의 84% 이상이 파닉스 규칙을 따르고 있으므로 처음 읽기를 배우는 학습자에게 파닉스는 중요합니다(Blevins, 2006). 또한 파닉스는 정확한 발음에 도움을 주고, 읽기, 쓰기, 나아가 의미 파악에도 도움되는 유익한 방법입니다.

효과적인 파닉스 지도법 1

파닉스는 언제 가르쳐야 할까요? 소리와 문자와의 관계를 이해할 수 있고 글씨를 쓰는 힘이 있는 7세 이후가 파닉스를 배우기에 가장 적기입니다. 파닉스 규칙을 이해할 수 있어야 하므로 어릴 때 시작하면 파닉스는 오래 공부할 수밖에 없고, 고학년에 시작한 아이들은 학습의 속도가 빠른 편입니다.

또한 파닉스는 3개월이면 마쳐야 한다는 이야기가 있습니다. 그런데 영어를 모국어로 하는 원어민 아이도 3~4년은 교육 과정에 파닉스가 있을 만큼 파닉스 과정 자체가 단기간에 뗄 수 있는 분량이 아닙니다. 보통 입학 전부터 초등학교 3학년까지 읽기를 배우기 위해 learn to read 파닉스를 배웁니다. 물론 더 일찍 파닉스를 완성하는 친구도 있고, 6학년, 혹은 성인이 되어서까지도 완성이 안 될 수 있어요. 따라서 영어를 외국어로 배우는 우리 아이들은 파닉스를 단기간에 완성하지 못한다고 하더라도 조급해할 필요는 없습니다. 순서대로 차근차근 체계적으로 배우면 됩니다. 효과적인 파닉스 학습 순서는 뒤에서 좀 더 살펴보겠습니다.

어린이 영어 교육에서 파닉스 지도는 절차에 맞춰 명시적이고 체계적으로 가르치는 것이 필요합니다. 파닉스를 가정에서 지도할 때 도움이 되는 파닉스의 기본 요소를 살펴보겠습니다.

파닉스 전, 음소 인식부터

파닉스는 소리와 철자가 어떤 관계가 있는지를 배우는 학문입니다. 영어의 문자에 해당하는 알파벳은 26개 글자이지만 소리는 44개 이상이기에 영어 소리를 아는 것은 중요합니다.

파닉스의 개념

PHONICS

SOUNDS

LETTERS

44
PHONEMES

26
ALPHABET

음소phoneme란 의미의 차이를 가져오는 소리의 최소 단위를 말하고, 음소 인식phonemic awareness은 이러한 독립적인 각각의 소리를 구분할 수 있는 능력을 말합니다. 예를 들어, 음소 인식이 잘 되어 있는 아이는 hat이라는 단어가 [h]로 시작하여 [t]로 끝나고, 가운데 모음은 [æ]라는 것을 구분할 수 있습니다.

단어와 음소의 설명

음소 인식은 음성 언어와 문자 언어를 연결하는 데 중요한 역할을 합니다. 따라서 문자를 가르치기 전에 영어 소리 듣기를 많이 시켜주세요. 영어 소리에 익숙한 아이들은 소리가 문자로 표현된다는 개념을 쉽게 받아들입니다. 그래서 음가를 조합하여 단어를 수월하게 읽을 수 있습니다.

자음과 모음

영어의 26개 알파벳은 두 범주로 나눌 수 있습니다. 바로 자음consonant과 모음vowel입니다. 이 중 모음은 5개 글자a,e,i,o,u이고 나머지 21개 글자가 자음입니다. 영어의 44개 음소 중에 자음 소리는 25개입니다. 즉, 오직 5개의 모음이 19개의 소리를 만들어내기에 모음이 자음보다 훨씬 더 복잡합니다. 자음과 모음은 각각 하위 범주인 자음팀과 모음팀으로 구성되고 전반적인 내용은 그림으로 먼저 확인하세요.

파닉스 기본 요소

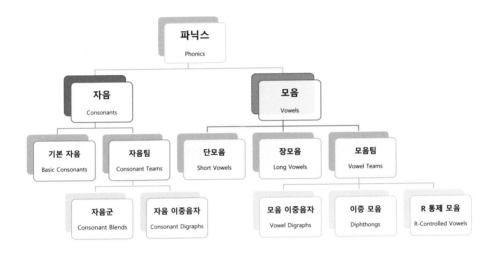

효과적인 파닉스 지도법 2

파닉스 지도 효과를 높이기 위해서는 순서에 맞게, 체계적으로 가르쳐야 합니다. 보통 철자와 발음 규칙이 명확한 자음 지도를 시작으로, 단모음, 장모음, 자음팀, 모음팀 순서로 지도합니다. 시중에 나와 있는 교재는 보통 4~5권이며 이 순서를 따르는 경우가 많습니다. 가정에서는 1권부터 순서대로 풀리면 되기에 순서에 대한 고민은 없지만, 각각의 특징을 알아야 내 아이가 부족한 부분을 적절히 채워줄 수 있습니다. 일반적인 파닉스 교재의 주제를 정리하면 다음과 같습니다.

일반적인 파닉스 교재 라인업

권수	주제
1	알파벳(alphabet)
2	단모음(short vowels)
3	장모음(long vowels)
4	이중 자음(consonant teams)
5	이중 모음(vowel teams)

단모음 지도법

영어 소리에 노출되고, 기본적인 알파벳을 익힌 후 단모음에 집중합니다. 단모음short Vowel은 다섯 개의 모음인 a, e, i, o, u가 각각의 기본 음가로 소리 나는 것을 말합니다. 단모음을 가르칠 때 가장 많이 사용하는 단어는 따로 있습니다. 바로 CVCConsonant Vowel Consonant 패턴 단어입니다. 예를 들어, bat은 자음+모음+자음의 CVC 패턴을 따르는 단어이지요. bat을 읽을 수 있는 아이는 cat이나 mat을 쉽게 읽을 수 있습니다. 이처럼 단모음의 CVC 패턴에서 단모음의 발음은 비교적 규칙적이므로 영어를 처음 배우는 아이들도 단모음 글자를 쉽게 읽어낼 수 있습니다.

① 단어 카드(Word Card) 만들기

종이와 펜만 있으면 CVC 단어 읽기 연습을 할 수 있는 단어 카드를 만들 수 있어요. 단어의 첫 글자를 넘겨 빠르게 단어를 읽어봅니다.

단모음 단어 카드 만들기 예시

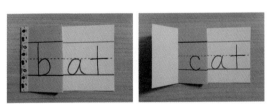

② 워드 슬라이드(Word Slide) 만들기

워드 슬라이드를 만들어보세요. 자음이나 모음을 아이들이 직접 내리며 새롭게 만들어지는 단어를 읽어보면서 단모음 글자를 읽는 연습하기 좋습니다. 이 때 실제 존재하는 단어와 아닌 단어를 구분하여 노트에 적어 보는 활동으로 확장할 수 있습니다.

Word Family Sliders 예시

Word Family Sliders
첫 글자를 아래로 내리며 단모음 글자를 읽는 연습을 할 수 있는 Word Sliders

③ 영상 활용

단모음 영상 예시

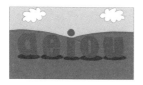

The Vowel Song | Maple Leaf Learning
a, e, i, o, u 단모음 단어를 소리를 합쳐 읽어 보는 데 도움이 되는 영상

The Short Vowel Song | A* List
노래를 부르며 단모음 음가 및 단모음이 들어간 단어를 쉽게 익힐 수 있는 영상

CVC Words *Letter A* | Jack Hartmann
영상을 통해 CVC 개념부터 CVC 단어 중 단모음 a가 들어간 단어를 읽는 연습을 할 수 있는 영상

The Reading Machine | KidsTV123

CVC 단어가 만들어지는 것을 슬롯머신의 형태로 게임하듯 단어를 읽고, 마지막으로 만들어진 CVC 단어가 실제 단어인지 아닌지까지를 확인하는 영상

주의할 점

1. 단모음 a, e, i, o, u 발음을 [아, 애, 이, 오, 우]로 알고 있는 경우가 많습니다. 보다 정확한 발음을 하기 위해서 유튜브에서 관련 영상을 찾아 정확한 소리를 듣고 따라 할 수 있게 하세요. 아이는 영상 속 원어민의 입 모양과 소리를 들으면서 비슷한 소리를 낼 수 있습니다.

단모음 철자	발음기호	발음하는 방법
a	[æ]	입을 손가락 2개가 들어갈 만큼 크게 벌리고 길게 [애]
e	[e]	턱을 떨어뜨리며 힘 빼고 짧게 [에]
i	[I]	턱을 가볍게 떨어뜨리며 입 모양은 '에'로, 소리는 [이]로 짧게
o	[a]	위, 아래로 입을 크게 벌려 [아]
u	[ʌ]	턱을 떨어뜨리며 짧게 [어]

　　미국식 발음 영상으로 레이첼의 유튜브 채널을 추천합니다. 발음을 내는 방법에 관한 설명을 들으면서 발음 기호와 입 모양, 조음 기관의 움직임을 볼 수 있습니다. 발음 설명 외에 음절syllable, 음조pitch, 강세stress 등을 음성학적으로 자세하게 소개합니다.

American English – UH Vowel
I Rachel's English
영어 모음 발음법

2. 이 단계에서 아이가 단어를 더듬더듬 스스로 읽을 수는 있지만 뜻을 모른다고 해도 실망하지 마세요. 소리가 익숙해진 후 글자를 자동으로 읽을 수 있게 되면 의미는 따라 옵니다. 시간이 걸리는 과정이라는 것을 이해하고 기다려주세요.

장모음 지도법

단모음 단어 세 글자를 읽을 수 있는 아이들은 이제 네 글자도 읽을 수 있는 힘이 생깁니다. 파닉스에서 장모음'long vowel 단어는 모음이 자신의 이름과 같은 소리 혹은 이름과 가장 비슷한 소리로 나는 단어를 말합니다.

　일반적으로 장모음을 가르칠 때는 'Magic e'라는 개념으로 소개할 수 있습니다. CVCe 패턴 단어에서 단어의 맨 끝 e는 소리가 나지 않고, 앞의 모음이 자신의 이름으로 소리 납니다. 이것을 e가 magic을 부린다고 재미있게 설명하는 것입니다. 예를 들어, kit에 magic e가 붙어 kite가 되면 자신은 소리가 나지 않고 앞의 i가 자신의 이름의 소리인 [ɑɪ]로 소리가 납니다. Magic e는 'Silent e'라는 별명도 가집니다.

장모음 소개 예시

① Magic e로 단어 만들기

자석글자를 활용하여 글자 만들기를 연습해 봅니다. 단모음 글자를 복
습하여 만들어본 후 마지막에 e를 붙여 바뀐 단어를 읽고 노트에 적어 봅
니다.

Magic e 지팡이로 글씨 만들기 예시

단모음, 장모음 예시

Short Vowel Word	Long Vowel Word
tap	tape
sit	site
hop	hope
tub	tube
man	mane

② 영상 활용

장모음 영상 예시

 **The Magic E Song** | KidsTV123
단모음 단어와 magic e 단어를 읽으며 바로 비교할 수 있는 영상

 **Nessy Reading Strategy** | Magic E | Nessy
Magic E의 스토리를 재미있게 설명하는 영상

 **The Vowel Song: Long and Short Vowel Sounds** | Scratch Garden
노래를 부르며 단모음과 장모음의 차이를 정리할 수 있는 영상

 **Long and Short Vowels for Kids** | Kids Academy
단모음과 장모음을 복습하고 여러 단어들 중 각각의 범주로 구분하는 연습을 할 수 있는 영상

주의할 점

장모음 소리가 나는 스펠링 형태는 e가 가장 끝에 오는 Magic e의 형태뿐만이 아니라 다양합니다. 따라서 모음이 자신의 이름으로 나는 것이 장모음이라는 개념을 이해하는 것이 가장 좋습니다. Magic e 단어의 경우는 장모음 단어 전체의 35% 정도만 해당됩니다.

장모음 A의 다양한 스펠링 패턴의 예

| acorn | cake | train | play |

자음팀 지도법

장모음의 네 글자 단어를 읽을 수 있는 친구들은 이제 좀 더 긴 단어도 읽을 수 있게 됩니다. 자음팀은 자음이 두 개 이상 모여 소리를 만드는 자음 그룹Consonant Teams을 말합니다. 자음팀은 크게 자음군consonant blend과 자음 이중음자consonant digraph로 나뉩니다. 자음군은 자음이 연속적으로 오는 단어이며 각각의 자음 발음을 부드럽게 다 이어서 발음합니다. 자음 이중음자는 두 개의 자음이 만나 하나의 새로운 소리로 발음되는 단어입니다.

자음팀 분류

자음군(Consonant Blend)	자음 이중음자(Consonant Digraph)
두 개의 자음이 연속적으로 모두 발음되는 단어 예: black, crab	두 개의 자음이 하나의 새로운 소리로 발음되는 단어 예: cherry, think

① 파닉스 도미노(Phonics Dominoes) 활동

파닉스 도미노 교구를 활용하여 단어를 만들어봅니다. 아이들은 이리저리 다양한 조합을 눈으로 보고 단어를 만들며 자음팀 글자에 익숙해집니다. 만든 단어가 들어간 나만의 문장을 노트에 적어 마무리합니다. 교구

가 없다면 종이를 사용하여 글자를 만들 수 있습니다. 집에 있는 레고에 포스트잇으로 글자를 적어 도미노 활동을 할 수도 있습니다.

파닉스 도미노 교구 예시

② 영상 활용

자음팀 영상 예시

Learn To Blend l ELF Kids Videos
자음 이중음자 글자 읽기 연습을 할 수 있는 영상

Practicing Letter Blends l Alphablocks
알파블록이 하나씩 움직이며 자음 이중음자 단어 만드는 것을 보여주는 영상

Meet the Phonics-Digraphs l Preschool Prep Company
Digraph의 스토리를 재미있게 설명하는 영상

Digraphs l Rock'N Learn Phonics Songs
단어의 처음(beginning) 중간(middle), 혹은 끝(ending)에 오는 자음 이중자를 배울 수 있는 영상

주의할 점

자음팀은 파닉스 지도 단계 중 보통 4번째 시리즈입니다. 각각의 기본 음소를 안 후 소개되면 어렵지 않게 배울 수 있습니다. 자음팀 중 어느 쪽이 아이들이 쉽게 이해할까요? 바로 자음군입니다. 자음군은 각각의 음소가 연속적으로 소리 나기에 큰 어려움이 없는 편입니다. 그에 반해 완전히 새로운 발음을 기억해야 하는 자음 이중음자는 특히 음을 정확하게 배우고 기억해야 할 필요가 있습니다.

모음팀 지도법

보통 파닉스 교재 시리즈의 마지막은 모음팀Vowel Teams을 다루고 있습니다. 모음팀은 단모음과 장모음 외의 다른 모음들을 모두 포함합니다. 모음팀의 경우 규칙에 맞지 않는 경우가 상당히 많기 때문에 많은 단어를 접하면서 익히는 것이 좋습니다.

모음팀 분류

모음 이중음자 (Vowel Digraph)	이중모음 (Diphthong)	R 통제 모음 (R-Controlled Vowel)
두 개의 모음 철자가 모여 하나의 모음으로 발음되는 것	모음과 반모음이 결합된 것	-r 앞에 오는 모음이 r의 영향을 많이 받아 소리가 달라지는 것 -'Bossy R'이라고도 함
예: heat, food	예: boy, now	예: bird, car

① 사운드 차트(Sound Chart) 활동

자주 눈에 익을 수 있도록 모음팀 차트를 만들어 벽에 붙여 놓습니다. 차트를 참고하여 모음팀이 들어간 단어를 노트에 적어 정리해 봅니다.

모음 팀 차트 예시

VOWEL TEAMS

a	e	i	o	u
ai	ea			ew
ay	ee	ie	oa	oe
ea	ei	ig	oe	oo
ei	ey	igh	ow	ou
eigh	ie			ue
				ui

음소	단어 예시
[eɪ]	rain, hay, steak, veil, sleigh
[iː]	leaf, tree, ceiling, key, movie
[aɪ]	pie, sign, knight
[oʊ]	boat, toe, arrow
[uː]	screw, shoe, tooth, soup, glue, fruit

② 영상 활용

모음팀 영상 예시

When Two Vowels Go Walking | Between the Lions
모음팀 중 두 모음이 같이 올 때 첫 글자의 소리만 난다는 규칙을 재미있는 노래와 함께 익힐 수 있는 영상

When To Use ai ay | Nessy Spelling Strategy
소리는 같지만 철자가 다른 ai와 ay를 구분하는 방법을 알려주는 영상

OU and OW | Similar Sounds | Kids vs Life
ou와 ow가 들어 간 단어를 배우고 스토리가 연결되는 짧은 문장 안에서 단어를 읽어볼 수 있는 영상

UR ER IR: R-Controlled Vowels Song
R이 모음 뒤에 붙어 앞의 모음 소리를 바꾼다는 것을 노래를 통해 보여주는 영상

파닉스 교재 활용

파닉스 과정을 정리하기 위한 시중 교재는 보통 알파벳부터 시작하는 1권부터 이중모음인 5권으로 구성되어 있습니다. 어떤 교재를 선택하든 아이의 파닉스 학습을 도울 수 있습니다. 선생님이 아닌 엄마와 파닉스

파닉스 교재 예시

스마트 파닉스
Smart Phonics

컴온 파닉스
COME ON Phonics

새들리어 파닉스
Sadlier Phonics

슈퍼 파닉스
Super Phonics

교재를 진행할 때는 부가 자료를 적극 활용하는 것이 좋습니다. 멀티 CD
를 활용하면 소리를 들으며 파닉스 교재를 학습할 수 있어 따로 선생님이
필요 없습니다.

파닉스 추천 영어 그림책

단어의 끝소리가 같은, 라임rhyme이 잘 맞춰진 영어 그림책은 아이들이 읽
기에 적합합니다. 이런 그림책을 소리 내서 읽으면 소리의 즐거움을 느낄
수 있습니다. 또한 단어를 예측하여 스스로 읽어 나가는 데 도움이 됩니
다. 책을 읽으며 아이들이 라임 단어를 찾을 수 있는지를 보세요. 라임이
들어간 문장을 통통 튀게 읽으면 언어의 참맛 또한 느낄 수 있습니다.

파닉스 관련 영어 그림책 예시

Rhyming Dust Bunnies

I Ain't Gonna Paint
No More!

Goodnight Moon

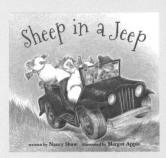

Sheep in a Jeep

Jamberry

Green Eggs and Ham

파닉스를 배워도 못 읽는다면?

알파벳 음가부터 시작해서 차근히 파닉스를 가르쳤고, 파닉스 교재 5권을 순서대로 잘 풀었어도 스스로 읽기에 어려움을 느끼는 때도 있습니다. 파닉스 규칙을 배우면서 기초 읽기를 함께 병행해야 기본 원리를 이해하고 적용하며 문자가 눈에 들어옵니다. 파닉스 교재를 끝까지 끝내고 난 후 책 읽기를 시작하지 말고, 쉬운 영어책 읽기를 꼭 병행하세요. 계속해서 파닉스를 복습하면서 원리를 깨치고 규칙에 맞지 않는 예외도 배워가며 파닉스를 점차 완성해 나갈 수 있습니다.

만약 배운 파닉스 교재에 나온 단어는 읽는데 다른 책에서 똑같은 단어를 읽지 못한다면 꼭 점검이 필요합니다. 가장 먼저 아이가 알파벳 음가를 정확하게 아는지 확인할 필요가 있어요.

파닉스 점검

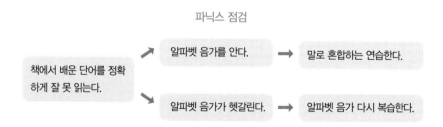

말로 합치기

각각의 음가를 알고 있다면 쉬운 단어를 조합해 보는 연습을 많이 해야 합니다. 못 읽는 단어를 바로 말해주지 말고 단어의 첫소리 음가를 불러 주고 기다려줍니다. 대부분 첫소리 힌트만 주어도 아이는 단어를 읽으려 시도합니다. 그래도 어려운 경우라면 단어 각각의 음가를 천천히 불러 주고 아이가 음가를 합쳐 말하게_{Oral Blending} 도와주세요.

예: cap을 못 읽는 경우

a. 단어의 첫 글자를 짚고 첫소리를 말해줍니다.

    엄마: [k][k][k]   아이: cap

b. 단어의 음가를 하나씩 천천히 불러 줍니다. 이때 각각의 음가를 불러 줄 수도 있고, 앞에서부터 길게 늘였다 합치면서 혼합하게 할 수 있습니다.

    1. 각각의 음가 말해주기

      엄마: [크] [애] [프]   아이: [캪]

    2. 앞에서부터 길게 늘여 말해주기

      ① 엄마: [크---애-]   아이: [캐]

      ② 엄마: [캐---] [프]   아이: [캪]

말로 합치기(Oral Blending)
단어를 말로 합치는 예시 영상

워드 패밀리

워드 패밀리word Families를 활용하는 것도 단어를 읽는 데 도움이 되는 좋은 방법입니다. 워드 패밀리란 같은 소리를 가진 공통의 패턴 또는 그룹을 말합니다. 예를 들어, '-ad' word family에는 bad, dad, had, sad 등이 포함됩니다. 아이들은 단어의 패턴을 이해할 수 있게 되어 단어를 무한대로 만들고 읽어 나갈 수 있습니다.

① 워드 패밀리 리스트(Word Family List) 활용

프라이(Fry, 1998)는 워드 패밀리 중에 가장 많이 사용되는, 빈도수 상위의 38개 목록을 정리했습니다. 이 리스트를 참고하여 읽기 연습을 시켜 보세요.

38 High-Frequency Word Families

-ay, -ill, -ip, -at, -am, -ag, -ack, -ank, -ick, -ell,
-ot, -ing, -ap, -unk, -ail, -ain, -eed, -y, -out, -ug,
-op, -in, -an, -est, -ink, -ow, -ew, -ore, -ed, -ab,
-ob, -ock, -ake, -ine, -ight, -im, -uck, -um

다음과 같은 표를 만들어 읽게 하면 일정한 패턴이 눈에 들어와 단어 읽는 연습에 큰 도움이 됩니다.

워드 패밀리 예시

Word Families			
–ay	**–ill**	**–ip**	**–at**
bay	bill	dip	bat
day	fill	hip	cat
hay	gill	lip	fat
lay	hill	rip	hat
may	kill	sip	mat
pay	till	tip	pat
say	will	zip	rat

② 워드 패밀리 정원(Word Family Garden) 만들기

워드 패밀리 정원 만들기도 할 수 있습니다. 가운데 라임rime을 적고 꽃 잎에는 해당하는 워드 패밀리 단어를 적고 읽어 봅니다. 완성 후 벽에 붙여 놓고 오며 가며 읽어봅니다.

–ad, –at 워드 패밀리 정원 만들기 예시

복합어

복합어Compound Words는 두 단어가 만나 새로운 뜻을 만들어내는 단어(예: rainbow, toothbrush 등)를 뜻합니다. 복합어를 알고 있으면 단어를 읽어내기 수월합니다. 다음 QR코드를 스캔하면 아래와 같은 다양한 형태의 복합어 워크지와 자료를 받아 볼 수 있습니다.

복합어 워크시트

Superstar Worksheets: Compound Words
복합어 단어 리스트, 게임, 워크시트 등의 자료 제공

Kizclub: Compound Words Match-Up
복합어 단어를 잘라 매칭 게임을 할 수 있는 자료 제공

사이트 워드

파닉스를 열심히 배웠어도 규칙에 맞지 않는 단어가 많이 있어서 아이들은 읽는 데 어려움을 느낄 수 있습니다. 이 경우 꼭 필요한 것이 바로 사

이트 워드sight word와 친해지는 일입니다. 사이트 워드는 눈으로 보자마자 바로 읽어낼 수 있는 단어를 말합니다. 따라서 이 단어들을 읽을 때는 특별한 에너지를 쓸 필요가 없습니다.

① 돌치 워드 리스트(Dolch Word List) 활용

가장 널리 사용되는 어휘 목록은 돌치의 목록입니다. 1930년대에 에드워드 돌치Dr. Edward Dolch가 개발한 돌치 워드 리스트Dolch Word List는 학년별로 5개 그룹으로 구분합니다(Pre K~ Grade 3). 아동용 영어책 75%, 성인용 책 50%를 차지하는 220개 사이트 워드와 95개 고빈도 명사High Frequency Nouns를 포함합니다. 단어 리스트를 프린트하여 아이에게 레벨별로 읽게 해주세요. 특히 눈에 잘 들어오지 않는 단어는 종이에 직접 써서 벽에 붙여 놓고 오며 가며 읽으면 좋습니다.

Dolch Word List 예시

Sightwords: Dolch Sight Words List
220개 사이트 워드와 95개 고빈도 명사를 포함한 총 315개 Dolch Sight Word Lists가 정리되어 있음. 리스트나 플래시 카드를 다운 받아 출력 가능

다음은 총 220개로 구성된 돌치 사이트 워드Dolch Basic Sight Words 220를 알파벳 순서로 정리한 목록입니다. 아이들이 몇 개나 읽을 수 있는지 체크해보세요.

Dolch Basic Sight Words 220

a	call	funny	jump	on	sit	upon
about	came		just	once	six	us
after	can	gave		one	sleep	use
again	carry	get	keep	only	small	
all	clean	give	kind	open	so	very
always	cold	go	know	or	some	
am	come	goes		our	soon	walk
an	could	going	laugh	out	start	want
and	cut	good	let	over	stop	was
any		got	light	own		wash
are	did	green	like		take	we
around	do	grow	little	pick	tell	well
as	does		live	play	ten	went
ask	done	had	long	please	thank	were
at	don't	has	look	pretty	that	what
ate	down	have		pull	the	when
away	draw	he	made	put	their	where
	drink	help	make		them	which
be		her	many	ran	then	white
because	eat	here	may	read	there	who
been	eight	him	me	red	these	why
before	every	his	much	ride	they	will
best		hold	must	right	think	wish
better	fall	hot	my	round	this	with
big	far	how	myself	run	those	work
black	fast	hurt			three	would
blue	find		never	said	to	write
both	first	I	new	saw	today	
bring	five	if	no	say	together	yellow
brown	fly	in	not	see	too	yes
but	for	into	now	seven	try	you
buy	found	is		shall	two	your
by	four	it	of	she		
	from	its	off	show	under	
	full		old	sing	up	

② 워드 월(Word Wall) 만들기

A4를 8등분하여 자른 후 각각의 종이에 사이트 워드를 적습니다. 워드 월Word Wall을 만들 수 있는 공간을 찾습니다. 화장실 문 앞이나 공부방 벽면에 카드를 붙여 놓고 오며 가며 짚으며 단어를 읽어보게 합니다. 엄마가 부르는 단어를 손으로 짚거나 파리채로 치는 게임으로 재미있게 진행할 수 있습니다. 익숙해지면 반대로 엄마에게 퀴즈를 낼 수도 있습니다. 사이트 워드를 최대한 많이 눈으로 보고 읽어보는 경험을 하게 해주세요.

단어 벽 예시

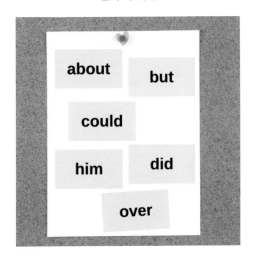

③ 그림 사전 만들기

그림으로 표현이 가능한 500개 단어 리스트도 잘 활용해 보세요. 리스트를 보고 나만의 그림 사전Picture Dictionary을 만들면 더 기억하기 쉬워요.

500 Picture Words List

ant	blue	car	cow	face
apple	boat	cat	crab	fall
ax	boll	cap	crawl	fan
baby	bone	carrot	crib	feather
backpack	book	cave	crown	feet
bag	boot	ceiling	crutches	fence
ball	bow	chain	cry	fin
balloon	bowl	chair	cub	fifty
banana	box	chalk	cube	finger
band	boy	check	cup	fire
bank	bread	cheese	cut	fish
barn	brick	cherry	dance	flag
baseball	bride	chest	deer	flashlight
basket	bridge	chimney	desk	float
bat	broom	chin	dice	floor
bath	brother	chop	dig	flower
beach	brown	circle	dinosaur	flute
beak	brush	circus	dive	fly
bean	bug	city	dog	fold
bear	building	clap	doll	foot
bed	bun	clay	door	football
bee	bus	cliff	dot	fork
beg	bush	clock	draw	forty
bell	button	cloud	dress	four
belt	cab	clown	drip	fox
bench	cage	coat	drum	frame
bib	cake	coins	duck	fright
bike	camel	cold	eat	frown
bird	camera	comb	egg	fruit
black	can	cone	elbow	fry
block	candle	corn	elephant	game
blow	cane	cot	envelope	garden

gate	hole	knot	moon	phone
gift	hop	ladder	mop	photograph
giraffe	horn	lap	mouse	piano
girl	horse	leaf	mouth	pie
glass	hose	leash	mule	pig
globe	hot	leg	mushroom	pillow
goat	house	lemon	music	pin
goose	hug	letter	nail	pink
glue	hump	lid	neck	plane
gold	hut	light	necklace	plant
grapes	ice	line	needle	plate
graph	inch	lion	nest	plow
grass	ink	lips	night	plug
grasshopper	itch	list	nine	point
green	jacks	lock	nose	pole
grill	jar	log	nurse	pond
groom	jam	lunch	nut	pony
guitar	jar	mail	octopus	pool
gym	jet	mailbox	oil	pop
ham	jug	man	ox	popcorn
hammer	juggle	map	page	porch
hand	jump	mat	pail	pot
hat	kangaroo	mask	paint	pretzel
hawk	key	match	pan	prize
hay	kick	meat	paw	pumpkin
heart	king	men	pay	purse
heel	kiss	mice	peas	puzzle
hen	kit	milk	peach	quack
hide	kitchen	mirror	peel	queen
hill	kite	mitt	pen	question
hippo	knee	mitten	pencil	quick
hit	knife	mix	penguin	quilt
hive	knock	monkey	pet	

quiz	shadow	spray	throw	volcano
rabbit	shark	spring	thumb	wagon
rag	shave	square	tie	wallet
rain	sheep	squeeze	tiger	wash
rainbow	shell	squirrel	tire	watch
rake	ship	stamp	toad	watermelon
rat	shirt	star	toast	wave
red	shoe	steam	toe	wax
read	shoelace	steps	tooth	web
right	shorts	stir	top	well
ring	shout	stop	toy	wet
rip	shovel	strawberry	train	whale
road	sink	street	tray	wheel
robe	sit	stump	triangle	wheelchair
robot	six	suit	truck	whistle
roof	skate	sun	trunk	white
roots	skirt	sweep	tub	wig
rope	skunk	swim	turkey	window
rose	sled	swing	turtle	wing
row	sleep	table	twenty	worm
rug	slice	tack	two	wrist
ruler	smell	tail	umbrella	yard
run	smoke	tape	under	yarn
sand	snail	team	up	yawn
sandwich	snake	teeth	vacuum	yell
saw	snow	ten	valentine	yo-yo
scale	soap	tent	van	yolk
scarf	sock	thermometer	vase	zebra
school	spider	thirteen	vegetables	zero
seal	spill	thirty	vest	zigzag
seed	spin	thorn	vine	zipper
seven	spoon	three	violin	zoo

④ 워크시트 활용

사이트 워드를 익히는 데 도움되는 워크시트를 적절히 활용해 보세요. 다양한 자극이 되어 단어가 눈에 좀 더 들어옵니다.

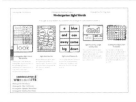

Kindergarten Mom: Sight Words
양질의 사이트 워드 워크시트를 제공

Education.com: Printable Sight Word Worksheet
사이트 워드를 익힐 수 있는 다양한 형태의 워크시트를 제공

쉬운 책 활용하기

파닉스를 배우면서 아주 쉬운 짧은 한 줄짜리 영어책을 소리로 듣고 눈으로 보며 연습하는 것도 매우 중요합니다. 그 과정에서 아이는 영어 소리가 어떻게 조합되어 단어가 되는지 파닉스 원리를 깨치게 되기 때문입니다. 파닉스를 다 떼고 읽기를 시작하는 것이 아니라 단모음을 시작하고 조합을 연습하면서부터 함께 쉬운 책을 읽히는 것이 좋습니다.

사이트 워드 리더스Sight Word Readers는 가장 추천하는 도서입니다. 아이들이 알아야 하는 사이트 워드를 소재로 제작되었기에 부담 없이 진행할

Sight Word Readers,
Scholastic

Phonics Poetry Pages,
Scholastic

수 있습니다. 아이들은 몇 권을 읽어도 영어책 읽는 것이 만만합니다. 만만하니 재미가 있습니다. 나도 영어책을 읽을 수 있다는 자신감을 자연스레 키울 수 있습니다.

파닉스 시 페이지Phonics Poetry Pages는 시를 완성하기 위해 빈칸을 채워가며 소리와 스펠링과의 관계를 이해하게 됩니다. 계절, 동물 등과 같은 친숙한 주제의 시를 통해 아이들은 재미있게 파닉스 개념을 복습할 수 있습니다. 한 쪽씩 뜯어 부담 없이 진행할 수 있습니다.

정리해요!

짝짝짝! 아이가 파닉스를 배웠으면 한 고비는 넘겼습니다. 아이는 이제 글을 읽을 준비가 되었으니까요. 파닉스를 배울 때는 처음부터 완벽하지 않아도 괜찮습니다. 사이트 워드를 꾸준히 노출하면서 그림책, 리더스북 등 다양한 문맥 안에서 파닉스 규칙을 적용할 기회를 주세요. 반복이 아주 많이 필요한 아이도 있고, 필요하지 않은 아이도 있습니다. 다른 아이가 아닌, 내 아이의 속도에 집중하세요. 단번에 파닉스를 완성한다는 생각이 조급함을 불러일으킵니다. 파닉스는 한 번에 끝내는 개념이 아니라는 것을 꼭 기억하세요.

이번 장에서는 파닉스의 기본 지식을 많이 쌓았습니다. 엄마가 모든 것을 숙지하여 파닉스 지도 전문가가 될 필요는 없지요. 하지만 파닉스의 기본을 알아 두면 여러 면에서 도움이 된답니다. 아이에게 맞는 교재를 선택하기 쉽고, 어떤 것을 아이가 기관에서 배우는지 체크할 수 있기 때문입니다.

파닉스는 지루하고 어렵다는 생각은 이제 그만! 아이들과 함께 영상 보고, 교재를 풀리면서 엄마도 점차 영어와 친숙해져 볼까요.

내가 좋아하는 사람이

나를 좋아해주는 건 기적이야.

It's the miracle that the person

who I like likes me.

− 생텍쥐페리, 《어린왕자》 중에서

Mom's English

PART

3

미래형
엄마표 영어의
기본 2

짧은 인생은 시간 낭비에 의해 더욱 짧아진다.

A short life is made shorter by wasting time

−사무엘 존슨, 영국 시인

1장

영어 그림책

영·유아기 아이는 부모가 만들어준 환경이나 경험을 통해 외부 자극을 흡수합니다. 사람의 말소리, 작은 미소와 행동 모든 것이 아이의 뇌를 자극합니다. 그림과 글로 이루어진 그림책은 어린아이들의 흥미를 끌기에 좋습니다.

영어 그림책이 중요한 이유

영어 그림책은 그림과 글로 이루어진 책입니다. 아이는 양육자가 읽어주는 목소리로 영어책을 처음 접합니다. 책에 담긴 그림은 직관적이어서, 보는 순간 의미를 파악할 수 있습니다. 동화 속 그림을 통해 아이는 세상을 간접적으로 경험하게 됩니다. 해외에 가지 않고 책만 펴도 다른 나라의 일상생활과 문화를 접할 수 있으니까요. 다양한 인종의 캐릭터를 통해 문화의 다양성도 자연스럽게 이해하게 됩니다.

그림책을 읽어주면서 생길 수 있는 일을 말해볼까요? 그림책을 보다가 아이는 이전에 봤던 그림이라면서 다른 책을 가져옵니다. 두 작품은 글을 쓴 작가는 달라도 그림은 같은 작가가 그린 경우가 있습니다. 그림책을 읽어주는 순간 아이의 귀는 이야기를 따라가면서 부지런히 그림책의 구석구석을 살펴나갑니다. 글을 다 읽어서 다음 장을 넘기려는 순간 아이는 부모의 손을 멈추게 합니다. 그리고는 우리가 미처 발견하지 못한 부분을 그림 속에서 짚어냅니다. 아이는 마치 숨은그림찾기 하듯이 그림에 빠져듭니다. 이것이 그림책의 묘미입니다.

아이가 스스로 영어책을 꺼내 읽는 모습은 매우 사랑스럽습니다. 책을 펼치게 하는 힘의 시작은 그림에서 나옵니다. 좋은 영어 그림책을 골라내는 안목을 부모가 길러야 하는 이유가 바로 여기에 있습니다. 책을 통해 얻은 사고력은 점차 탄탄해지고, 그림 대신 글이 차지하는 비중이 높아져도 아이는 여전히 책을 즐기게 됩니다. 이 모든 일의 시작은 바로 영어 그림책입니다.

연령별 영어 그림책

우리 아이를 위한 영어 그림책은 어떤 기준으로 골라줘야 할까요? 그림책에 대한 이해에 앞서 아이에 대한 이해가 선행되어야 합니다. 우리 아이만의 개별적인 특성과 연령대별 공통적 특성을 바탕으로 좋은 그림책을 골라주세요.

개별적인 발달 특성

개별적인 발달 특성이란 아이가 지닌 고유한 기질과 강점, 성격을 의미합니다. 우리 아이가 유독 흥미를 보이고 집중하거나 회피하는 부분이 무엇인지 관찰해보세요. 예를 들어 아이가 내향적인지 외향적인지, 독립적인지 의존형인지, 시각적 학습과 청각적 학습 중 무엇에 민감한지, 변화를 좋아하는지 싫어하는지, 느리거나 까다로운 기질인지, 특별히 관심을 보이거나 잘하는 주제나 활동이 무엇인지 등을 잘 파악해보세요.

공통적인 발달 특성

또래 아이들을 보면 신체, 정서, 인지 발달이 비슷해 보입니다. 이것이 바로 연령별 공통적인 발달 특성 때문입니다. 스위스의 심리학자 피아제Piaget는 연령별로 일정한 발달 단계를 거치고, 그 순서는 변하지 않는다는 인지 발달 이론을 주장했습니다. 피아제는 연령을 기준으로 감각운동기, 전조작기, 구체적 조작기, 형식적 조작기로 구분했습니다. 이를 바탕으로 연령대별 추천 영어 그림책을 살펴보겠습니다.

단계별 엄마표 영어

나이(만)	0~2세	2~7세	7~11세	11세 이후
단계	영유아기 (감각운동기)	학령전기 (전조작기)	학령기 (구체적 조작기)	후기학령기 (형식적 조작기)
엄마표 영어 추천 가이드	1. 마더구스 2. 영어 그림책	1. 마더구스 2. 영상 3. 영어 그림책	1. 영상 2. 영어 그림책 3. 리더스북	1. 영상 2. 영어 그림책 3. 챕터북 이상

① 오감으로 세상을 배워요: 영유아기(0~2세)

영아기는 보고, 만지고, 먹고, 듣는 감각을 통해 세상을 배우게 됩니다. 또한 대상 영속성Object Permanence(관찰되지 않아도 존재함을 아는 것) 개념이 완성되지 않아 까꿍 놀이를 좋아합니다. 이 시기의 그림책은 잘 찢어지지 않는 단단한 재질의 책이 좋습니다. 또한 단순한 그림과 한 단어 그림책, 부모와의 애착을 느낄 수 있는 책, 친근한 동물 책 등을 좋아합니다. 마더구스^{전래 동요}와 같이 노래를 들을 수 있는 그림책도 추천합니다.

영유아기(0~2세) 추천, 책의 형태에 따른 구분

팝업북/플랩북   사운드북

인형책/헝겊책   놀이책

② 내가 할래요: 학령전기(2~7세)

자기중심적인 사고를 하는 시기입니다. 자신과 비슷한 나이의 유치원이나 가정생활 배경의 캐릭터 중심 그림책을 좋아하는 특징을 보입니다. 이 시기의 아이들은 탈것^{기차, 자동차}, 동물^{사자나 공룡}과 영웅과 변신 로봇 시리즈를 좋아하거나, 강아지나 고양이 등의 동물, 예쁜 공주 캐릭터를 좋아합니다. 더불어 역할놀이를 즐기는 나이이므로 책을 보며 병원 놀이, 소꿉

놀이 등 가상놀이도 좋아합니다. 그림책 캐릭터나 배경을 종이에 그리거나 복사해 만든 퍼펫puppet인형을 만들어보세요. 간단한 역할놀이로도 그림책의 매력에 푹 빠질 수 있습니다.

학령전기(2~7세) 추천 영어 그림책

《Monkey and Me》
케이트 그린어웨이 수상 작가 에밀리 그래빗의 《Monkey and Me》는 단순한 문장의 반복으로 애착 인형 원숭이와 상상 놀이를 한다.

《Little Critter》
천진난만한 장난꾸러기 주인공 '리틀 크리터'가 겪는 일상생활을 재미있게 다루었다.

《Peppa Pig》
페파 피그는 긍정적이고 귀여운 캐릭터로 가족과 친구들의 일상을 재미있게 담고 있다.

《We All Go Traveling By》
다양한 교통기관을 타고 여행을 떠나는 이야기로, 노래와 함께 교통기관의 명칭을 자연스럽게 익힐 수 있다.

③ 나는 할 수 있어요: 학령기(7~11세)

학령기에 해당하며 구체적인 경험으로 배우고, 집중력도 높아지는 시기입니다. 우리말을 통한 이해력은 높아졌으나 아직 영어는 미숙합니다. 그림책 스토리를 영어 수준에 맞추면 내용이 유치하고, 연령에 맞추니 내용 이해가 어려울 수 있어요.

학령기(7~11세) 추천 영어 그림책

《We're Going on a Bear Hunt》
가족이 곰을 잡으러 떠나는 여정이 재미있고, 반복되는 문장으로 리듬감이 느껴진다. 그림의 흑백 대조가 인상적인 책이다.

《The Very Hungry Caterpillar》
에릭 칼의 매우 유명한 책으로 애벌레의 한살이와 다양한 음식, 요일 등이 컬러풀한 그림으로 등장한다.

《Pete the Cat I Love My White Shoes》
고양이 피트 시리즈는 아이들이 좋아하는 캐릭터로, 노래를 부르며 책 읽기에 빠질 수 있다.

《I Don't Want to Wash My Hands!》
리틀 프린세스는 보통의 공주님과는 다른 호기심 많고 사랑스러운 캐릭터로 일상생활 주제의 그림책 시리즈다.

이 또래의 아이들은 영상을 즐겨보는 연령대라 영상이 있는 그림책도 좋아합니다. 오랫동안 사랑받은 캐릭터 시리즈의 영상이 책으로도 있습니다. 영상을 좋아하지만, 책은 즐겨보지 않던 아이들도 자신이 좋아하던 영상의 영어 그림책은 재밌게 볼 수 있습니다.

영상이 유명한 영어 그림책 시리즈

《Caillou》
주인공 까이유의 동생과 가족, 친구들과의 일상생활, 유치원과 친구 생활을 서정적으로 보여준다.

《Arthur》
아서와 개구쟁이 여동생의 일상과 학교생활을 이야기한다. 내 친구 아서는 미국과 캐나다에서 오랜 기간 방송되고 있으며, 아이들을 위한 교육 프로그램 영상이다. 전 세계 82개국에서 방송됐다.

《Max and Ruby》
맥스와 루비는 귀여운 토끼 캐릭터 남매의 이야기다. 시즌별로 다양한 에피소드가 담긴 영상으로 유명하다.

《Paw Patrol》
귀엽고 용감한 강아지 특공대 이야기다. 세계 곳곳으로 출동해 어려움에 처한 친구들을 구해낸다. 박진감 있는 영상으로 유명하다. 영웅이나 특공대를 좋아하는 아이에게 추천한다.

④ 나는 논리적이에요: 후기학령기[11세~]

초등 고학년과 청소년기에 해당합니다. 논리적이고, 추상적인 사고를 하는 시기입니다. 길어진 글과 복잡한 스토리, 혹은 깊게 생각할 만한 주제도 즐깁니다. 이 시기는 모국어한국어와 외국어영어 능력 간의 차가 더욱 커질 수 있으므로 아이 스스로 그림책을 선정하게 안내해주세요.

후기학령기(11세~) 추천 영어 그림책

《Square》
〈네모〉는 친구 동그라미처럼 무엇인가 완벽한 것을 만들고 싶다. 친구의 격려로 결국 자신도 완벽해질 수 있음을 경험한다. 동그라미, 세모 시리즈가 함께 있다.

《The Cool Bean》
〈멋진 콩〉은 다른 멋쟁이 콩 삼총사처럼 멋져지고 싶은 평범한 콩의 이야기다. 겉모습과 배려하는 마음, 나만의 아름다움에 대해 생각할 수 있다.

《Sylvester and the Magic Pebble》
〈실베스타와 마법의 조약돌〉은 우연히 신비한 조약돌을 발견하고 커다란 바위로 변한 꼬마 당나귀 이야기다. 일상과 가족의 소중함을 느낄 수 있다.

《I Talk Like a River》
〈나는 강물처럼 말해요〉는 실제 작가의 경험담에서 만들어진 책이다. 자신의 부족한 점을 아버지를 통해 극복하는 과정을 서정적으로 담아서 감동을 준다.

주제별 영어 그림책

영어 그림책은 주제별로 모아 읽기에 아주 좋습니다. 성장하며 바뀌는 우리 아이의 관심사에 집중해 보세요. 영어책을 읽는 시간도 늘어날 수 있답니다. 월별로 혹은 주별로 같은 주제의 그림책을 집중해서 읽으면 반복해서 등장하는 단어나 문장으로 자연스럽게 어휘력이 향상되고 주제를 심화하여 배울 수 있습니다.

주제별로 떠오르는 영어 그림책이 있으신가요? 다음은 대표적인 주제별 그림책의 예시입니다. 영어 그림책은 개인별 선호도가 다르므로 참고용으로 살펴본 후 주제별 책을 도서관이나 서점에서 직접 찾아보길 권합니다.

영어 그림책 주제별 분류 예시

주제	그림책			
나	Things I Like	I Like Me!	Be Who You Are!	Chrysanthemum
가족	My Dad	Bear's Busy Family	The Relatives Came	Now One Foot, Now the Other
동물	Old Macdonald Had a Farm	Hooray for Fish!	Bark George	Dear Zoo
색깔	Press Here	White Rabbit's Colors	Mixed: A Colorful Story	Elmer

음식	Lunch	It's My Birthday	Pete's a Pizza	Dragons Love Tacos
감정	The Pigeon Has Feelings, Too!	How Do You Feel?	The Feelings Book	Alexander and the Terrible, Horrible, No Good, Very Bad Day
의복	Ella Sarah Gets Dressed	Mary Wore Her Red Dress	Joseph Had a Little Overcoat	Creepy Pair of Underwear!
직업	When I Was Five	Curious George Takes a Job	Gardener	Hello Lighthouse

교 통 기 관	 Thomas & Friends	 The Wheels on the Bus	 Freight Train	 A Day at the Fire Station
계 절 · 날 씨	 Maisy's Wonderful Weather Book	 Goodbye Summer, Hello Autumn	 Rain	 The Snowman
기 념 일	 Bear's Birthday	 What's in the Witch's Kitchen?	 Thanksgiving Is for Giving Thanks	 It's Christmas, David!

그림책 수상작

책표지에 메달이 그려진 그림책이 있습니다. 구체적으로 어떤 의미인지 궁금하지 않으셨나요? 물론 상을 받았다고 모두 우리 아이들에게 맞는 책은 아닐 수 있지만, 메달의 의미를 알면 그림책을 고르는 데 도움이 될 수 있습니다. 몇 가지 대표적인 아동 문학상과 수상작에 대해 알아보겠습니다.

그림 작가에게 수여되는 상

아동 문학상	수상작
칼데콧 상(Caldecott Medal) 미국 도서관협회(ALA)에서 그림 작가에게 수여한다. 직전 연도에 미국에서 최초 출판된, 영어로 쓴 그림책 중에서 미국 시민이거나 영주권을 가진 그림 작가에게 수여한다. • 1938년 제정 • 칼데콧 메달(gold), 칼데콧 아너북(silver)	《No, David!》　　《The Little House》

(The Yoto Carnegie Medal for Illustration)

영국 문헌정보전문가협회(CILIP)에서 그림 작가에게
수여한다.

직전 학년도에 영국에서 초판 발행된 아동 청소년 대
상의 영어책 중에서 선정한다.

· 1955년 제정

· 2022년 명칭 변경

· (구)케이트 그리너웨이 메달(Kate Greenaway Medal)

《This Is Not My Hat》

《Gorilla》

글·그림 작가에게 수여되는 상

아동 문학상	유명 수상작	
가이젤 상(Theodor Seuss Geisel Award) 미국도서관협회(ALA)에서 미국 시민권이나 영주권을 가진 글 작가, 그림 작가에게 수여하는 상이다. 닥터 수스 작가의 이름(Theodor Geisel)을 따서 만든 상으로 직전 연도에 미국에서 최초로 출판된 영어책 대상이다. · 2004년 제정 · 2006년부터 시상 · 가이젤 메달(gold), 가이젤 아너북(silver) · '글은 Pre-K(만 5세 이하)부터 초2까지 아이들을 대상으로 해야 한다.'라는 수상 조건이 있다. 읽기가 시작된 어린이의 읽기학습에 도움되는 책임을 기억하자.	 《Are You Ready to Play Outside?》	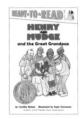 《Henry and Mudge and the Great Grandpas》
한스 크리스티안 안데르센 상 (Hans Christian Andersen Award) 국제아동청소년도서협의회(IBBY)에서 국적과 언어와 상관없이 2년마다 아동 문학 발전에 영향을 준 글 작가, 그림 작가에게 수여한다(작품이 아님). 아동 문학의 노벨상 · 1956년 제정(그림작가는 1966년부터 시상) · 2022년에 그림 작가 부문은 한국의 이수지 작가가 《여름이 온다》 작품으로 수상하였다.	 《Farmer Duck》 Martin Waddell 〈글 작가〉	 《Piggybook》 Anthony Browne 〈그림 작가〉

글 작가에게 수여되는 상

아동 문학상	수상작	
뉴베리 상(Newbery Medal) 미국 도서관협회(ALA)에서 매년 미국 아동 문학(픽션 · 논픽션 · 시집)에 공헌한 작가에게 주는 아동 문학상이다. 전년도에 미국에서 출판된 아동 청소년용 도서 중 가장 훌륭한 작품의 작가에게 수여한다. • 1922년 제정, 세계 최초의 아동 문학상 • 뉴베리 메달(gold), 뉴베리 아너북(silver)	 《When You Trap a Tiger》	 《Charlotte's Web》
요토 카네기 메달 포 라이팅 (The Yoto Carnegie Medal for Writing) 영국 문헌정보전문가협회(CILIP)에서 전년도에 영국에서 영어로 출판된 아동 청소년 대상의 가장 훌륭한 작품의 작가에게 수여한다. • 1936년 제정 • 픽션과 논픽션 책에 수여 • 2022년 명칭 변경 • (구)카네기 메달(Carnegie Medal)	 《The Chronicles of Narnia》	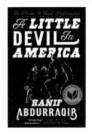 《A Little Devil in America》

아동 문학상 수상작 중에는 앞의 설명과 같이 자국의 '시민권이 있는 작가'라는 한정적인 조건도 있습니다. 또한 문학적인 가치를 크게 보기 때문에 우리나라 정서, 문화에 맞지 않거나 어려울 수도 있겠지요. 따라서 수상작이라 무조건 읽기보다는 목적에 따라 눈여겨보면 좋습니다. 그림 위주로 읽어주기 좋은 책을 찾을 때는 칼데콧, 요토 카네기, 한스 안데르센 수상작을. 독립적인 읽기가 시작된 아이를 위해서는 읽기 난이도

를 고려한 가이젤 수상작을. 읽기가 능숙한 아동은 문학성을 높이 평가하는 한스 안데르센, 뉴베리, 요토 카네기 메달 포 라이팅 등을 추천합니다.

칼데콧 상(Caldecott Medal) 수상작

수상 년도	제목	글 작가	그림 작가
2023 Honors	Hot Dog	Doug Salati	
2023 Honors	Ain't Burned All the Bright	Jason Reynolds	Jason Griffin
	Berry Song	Michaela Goade	
	Choosing Brave: How Mamie Till-Mobley and Emmitt Till Sparked the Civil Rights Movement	Angela Joy	Janelle Washington
	Knight Owl	Christopher Denise	
2022 Winner	Watercress	Andrea Wang	Jason Chin
2022 Honors	Unspeakable: The Tulsa Race Massacre	Carole Boston	Floyd Cooper
	Mel Fell	Corey R. Tabor	
	Have You Ever Seen a Flower?	Shawn Harris	
	Wonder Walkers	Micha Archer	
2021 Winner	We Are Water Protectors	Carole Lindstrom	Michaela Goade
2021 Honors	A Place Inside of Me	Zetta Elliott	Noa Denmon
	The Cat Man of Aleppo	Irene Latham & Karim Shamsi-Basha	Yuko Shimizu
	Me & Mama	Cozbi A. Cabrera	
	Outside In	Deborah Underwood	Cindy Derby

2020 Winner	The Undefeated	Kwame Alexander	Kadir Nelson
2020 Honors	Bear Came Along	Richard T. Morris	LeUyen Pham
	Double Bass Blues	Andrea J. Loney	Rudy Gutierrez
	Going Down Home with Daddy	Kelly Starling Lyons	Daniel Minter
2019 Winner	Hello Lighthouse	Sophie Blackall	
2019 Honors	Alma and How She Got Her Name	Juana Martinez-Neal	
	A Big Mooncake for Little Star	Grace Lin	
	The Rough Patch	Brian Lies	
	Thank You, Omu!	Oge Mora	

가이젤 상(Theodor Seuss Geisel Award) 수상작

수상 년도	제목	글 작가	그림 작가
2023 Winner	I Did It!	Michael Emberley	
2023 Winner	Fish and Wave	Sergio Ruzzier	
	Gigi and Ojiji	Melissa Iwai	
	Owl and Penguin	Vikram Madan	
	A Seed Grows	Antoinette Portis	
2022 Winner	Fox at Night	Corey R. Tabor	
2022 Honors	Beak & Ally: Unlikely Friends	Norm Feuti	
	I Hop	Joe Cepeda	
	Nothing Fits a Dinosaur	Jonathan Fenske	

2021 Winner	See the Cat: Three Stories About a Dog	David LaRochelle	Mike Wohnoutka
2021 Honors	The Bear in My Family	Maya Tatsukawa	
	Ty's Travels: Zip, Zoom!	Kelly Starling Lyons	Nina Mata
	What About Worms!?	Ryan T. Higgins	
	Where's Baby?	Anne Hunter	
2020 Winner	Stop! Bot!	James Yang	
2020 Honors	Chick and Brain: Smell My Foot!	Cece Bell	
	Flubby Is Not a Good Pet!	J.E. Morris	
	The Book Hog	Greg Pizzoli	
2019 Winner	Fox the Tiger	Corey R. Tabor	
2019 Honors	The Adventures of Otto: See Pip Flap	David Milgrim	
	Fox + Chick: The Party and Other Stories	Sergio Ruzzier	
	King & Kayla and the Case of the Lost Tooth	Dori Hillestad Butler	Nancy Meyers
	Tiger vs. Nightmare	Emily Tetri	

영어 그림책 읽어주기

아이가 독립적 책 읽기 전 단계라면, 부모의 책 읽어주기는 더욱 중요하지요. 그러면 어떻게 영어 그림책을 읽어주어야 할까요? 영어 그림책의 주요 특징과 읽어주는 방법을 이해하면 더 재미있는 '우리 집 영어 그림책 시간'을 만들 수 있습니다. 영어 그림책을 재밌게 읽어주기 위해 그림책의 주요 특징과 그림책 읽어주는 방법을 살펴보겠습니다. 이제 우리 아이도 원서 그림책의 매력에 풍덩 빠지게 해봅시다.

영어 그림책의 외형적 구성

영어 그림책을 잘 읽어주기 위해서는 우선 그림책의 외형적인 구성을 살펴볼 필요가 있습니다. 그림과 함께 간단히 살펴보겠습니다.

그림책의 외형적 구성

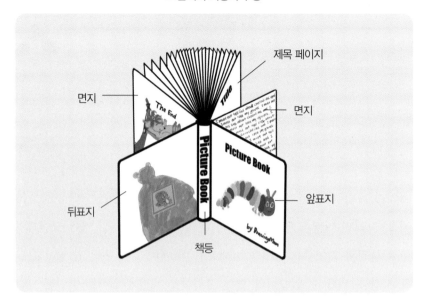

① 앞표지: 표지에는 호기심을 유발하거나 주제가 담긴 그림이 있습니다. 앞, 뒤표지가 연결된 경우도 있으니 표지를 펼쳐서 확인해보세요.

② 책등 : 책의 제목, 저자, 출판사명을 보여줍니다.

③ 앞, 뒤 면지: 표지 다음에 오는 페이지로 책을 보호하는 용도로 만들어졌습니다. 전체적인 책의 분위기를 담는 색과 패턴을 넣기도 하고, 이야기의 주제를 숨은 그림처럼 표현하기도 합니다.

④ 제목 페이지: 최근에는 다양한 그림과 이야기도 함께 꾸며집니다.

⑤ 뒤표지: 궁금하게 결론이 난 이야기의 정답을 암시하거나, 작가의 숨은 의도를 표현하기도 합니다. 놓치지 말고 살펴보세요.

그림책 읽어주기 3단계 활동

그림책을 읽어줄 때 제목과 텍스트만 읽진 않으셨지요? 네, 그림책은 소설책과 다르게 읽어야 합니다. 그림 읽기와 질문하기로 아이가 능동적으로 책을 읽을 수 있도록 안내해보세요. 배경지식을 만들고, 내용을 이해하여 예측하고, 느낌과 생각을 표현하는 책 읽기를 유도할 수 있습니다. 그림책을 읽어줄 때 다음의 그림책 읽기 활동 3단계를 적용해 보세요.

① 1단계: 읽기 전 활동

· 표지 그림 읽기

책의 표지 그림을 자세히 보며 등장인물이 누구인지, 어디에서 무엇을 하고 있는지 등 이야기를 나눈다.

· 제목, 저자 읽고 내용 예측하기

책 제목과 작가를 읽고, 내용을 예측해본다.

· 배경지식 활용하기

주제에 관해 경험했거나 알고 있는 것을 질문으로 끌어내거나 관련 단어를 말해본다.

· 동기 부여하기

책 내용이 어떻게 전개될지 호기심을 이끌어내는 질문을 한다.

② 2단계: 읽기 중 활동

· 그림 읽기

그림을 손가락으로 가리키며 핵심 단어를 언급하거나 그림에 대해 질문해본다.

- **예측하기/ 읽기에 참여하기**

책을 읽으며 각 장면에서 일어날 일을 예측해본다. 아이가 페이지 넘기기, 손가락으로 찾기 등을 유도해 읽기 활동에 참여하게 한다. 주요 단어를 같이 읽거나, 일부분 빠르게 넘어가기 등 아이가 주도적으로 읽을 수 있도록 돕는다.

- **다양한 목소리와 속도로 읽어주기**

인물의 특성, 감정에 따라 목소리에 변화를 주어 아이의 흥미와 집중도를 높인다. 아이의 이해 정도를 파악해서 속도를 조절하며 읽는다.

(*느리게 읽기: 궁금증을 유도하거나, 그림을 자세히 보거나 생각할 시간이 필요할 때/

*빠르게 읽기: 긴장감이 느껴지는 부분, 지루해하는 부분/ *멈춤: 중요한 부분 등)

- **줄거리/ 세부사항 확인하기**

영어책 듣기의 이해도 확인을 위해 등장인물 간 관계나 재미있었던 부분을 묻고 이야기를 나눈다.

③ 3단계: 읽기 후 활동

- **결론 이야기 나누기**

이야기의 결론을 묻고, 정리한다. 나라면 어떻게 했을지 등을 자유롭게 이야기 나눈다.

- **느낀 점 이야기 나누기**

어느 부분이 가장 재미있었는지, 어떤 기분이 드는지 대화를 나눈다.

• 연계 활동하기

   1. 이해도 파악을 위한 워크북 활동(그래픽오거나이저: 시각적 안내표 등)

   2. 주제 관련 다양한 놀이 활동(만들기, 그리기, 요리, 신체, 발표 활동 등)

영어 그림책 읽어주기 예

책을 읽으며 부모와 우리말로 이야기 나누기는 훌륭한 읽기 활동입니다. 그러나 추가적인 영어 노출을 위해 아이와 영어로 이야기를 나누면 좋겠지요. 어떤 언어로든 자유롭게 표현하는 분위기를 만들어주세요. 핵심은 부모의 일방적인 영어 읽기가 아닌, 그림도 읽어주며 아이와 교감을 통해 상호작용하기입니다. 다음은 앞에서 설명한 그림책 읽어주기 3단계 활동을 적용한 예입니다.

《The Big Hungry Bear》
: The Little Mouse, the Red Ripe Strawberry, and the Big Hungry Bear
  By Don and Audrey Wood / Illustrated by Don Wood

앞표지

뒤표지

이 책은 대화체로 진행되지만, 책에는 생쥐만 등장한다. 대화 상대자도, 두려움의 대상인 곰도 등장하지 않은 채 이야기가 끝난다. 그러나 책의 뒤표지 그림에는 딸기를 뺏기고 싶지 않아 떨고 있는 생쥐와 함께 곰 그림자도 있다. 면지와 표지의 그림을 보며 딸기를 나눠 먹은 지혜로운 대화 상대가 누구일지 이야기 나누어보자.

- **Before Reading: 읽기 전**(책 표지 보며 이야기 나누기)
  - Ta—da! Today's picture book is here. (짠! 오늘 그림책은 여기 있어.)
  - Look at this picture. Do you know the name of this animal? (여기 봐. 너 이 동물 이름 아니?)
  - It is a mouse. What is he doing? (생쥐구나. 무얼 하는 걸까?)
  - Wow, that's a really big strawberry. (와! 진짜 큰 딸기다.)
  - Do you like strawberries, too? (너도 딸기 좋아해?)
  - What's your favorite fruit? (넌 어떤 과일을 제일 좋아하니?)
  - I wonder what's the matter with him. (그에게 무슨 일이 있는지 궁금하다.)
  - Let's find out. (우리 같이 찾아보자.)

- **During Reading: 읽기 중**
  - Look at his face! (얼굴 좀 봐.)
    그림을 가리키며 아이의 시선을 집중시킨다.
  - "Boom! Boom! Boom!" (쿵! 쿵! 쿵!)책을 읽으며,
    목소리는 크고 굵게, 손으로는 쿵 쿵 쿵 바닥을 두드린다.
  - I'm scared. Are you scared, too? (무섭구나. 너도 무섭니?)
    무시무시한 곰 이야기를 읽으며 아이의 감정을 이야기 나눈다.
  - "Cut it in two. Share half with me." (둘로 잘라서. 나와 반을 나누자.)책을 읽으며,
    손으로 딸기의 반을 잘라 아이랑 엄마가 하나씩 나누어 먹는 흉내를 낸다.
  - Turn to the next page. (다음 쪽 넘겨볼래.)
    아이의 책 읽기 활동에 적극적인 참여를 유도한다.

- **After Reading: 읽기 후**
  - Did you enjoy the story? (이야기 재미있었니?)
    관련 주제인 '두려움/지혜'에 대해 이야기 나눈다.
  - Do you remember the title of this book? (책 제목 기억나니?)
    긴 책 제목을 기억하는지 묻고, 제목과 읽은 내용에 연계하며 이야기한다.
  - Look at this! Whose shadow is this? (책 뒤표지를 보며, 이 그림자는 누구 것일까?)
    책 속에서 그려진 등장인물은 쥐밖에 없지만, 아이는 다른 대화 상대가 등장했음을 안다.
    관련 이야기를 나누어본다.
  - Let's make some strawberry juice(cake/jam). (우리 딸기 주스(케이크/잼) 만들자.)
    책 주제와 관련된 활동을 한다. 이때 음원이 있다면, 들으며 활동한다.

그림책 읽어주기 영어 표현

We are going to read (this book).	우리 (이 책) 읽을 거야.
Look (at the cover). Wow.	(표지) 봐. 우와.
Open the book, please.	책 좀 펴줄래.
Turn to the next page.	다음 페이지로 넘기자.
Close the book, please.	책 좀 덮어 줘.
Is it (a monster)?	(괴물)인가?
Can you guess?	추측할 수 있어?
Do you (like/know/remember) it?	너 그거 (좋아하니/ 알고 있니/기억하니)?
Was it fun?	재미있었니?
Did you enjoy this picture book?	이 그림책 재미있었어?
What's this?	이게 뭐지?
What is (the cat) doing?	(이 고양이)는 뭘 하고 있어?
What color is it?	무슨 색일까?
Which one do you like the most?	어떤 게 제일 좋아?
Why do you think that way?	왜 그렇게 생각하니?
How does he feel?	그 사람은 기분이 어떨까?
Why is that?	왜 그럴까?
Whose (hat) is this?	이건 누구 (모자)일까?
Where are they?	그 사람들 어디에 있니?
Where is (this place)?	(이곳)은 어디일까?

*그림책에 맞게 ( ) 안의 단어를 바꾸어 보세요.

영어 그림책과 놀이 활동

다양한 그림책 놀이

앞서 말했듯 영어 그림책은 그 자체만으로 훌륭한 자료입니다. 꾸준히 읽는 것으로도 충분히 가치가 있습니다. 그러나 아이의 흥미를 살려 놀이 활동을 더 하면 아이들은 더욱 재미있어한답니다. 더욱이 아이가 유아나 초등 저학년이라면 놀이를 더한 엄마표 영어는 최고의 활동이 됩니다. 놀이 활동을 할 때 오늘 읽은 그림책의 음원(노래나, 책 읽기)도 함께 들려주세요. 자연스러운 영어 듣기 시간이 만들어집니다. 다음의 놀이별 활동을 참고해서 영어 그림책 독후 활동도 도전해보세요.

- 미술 놀이: 그리기, 만들기, 붙이기를 활용한 미술 및 공예 놀이
- 요리 놀이: 쿠키 만들기, 케이크 만들기 등 요리하기
- 과학 놀이, 자연 놀이: 화산 놀이, 자연 관찰하기, 자연물로 표현하기
- 역할 놀이: 시장놀이, 병원 놀이, 여행 놀이, 캐릭터 역할 놀이 등
- 신체 놀이: 지시어 듣고 행동하기, 몸에 관련 단어 붙이기, 풍선 터트리기, Simon says(Simon says를 덧붙여 말한 지시어만 행동하고 그렇지 않으면 아웃되는 게임)

- 정리 활동: 리딩 로그(독서 기록장), 그래픽조직도(Graphic Organizer), 마인드맵 등

- 책 만들기: 미니북 만들기, 나만의 창작 북 만들기

다양한 영어 그림책 놀이 사진

엄마가 쉬운 '그림책 놀이 활동' 계획하기

- 놀이 활동: 오늘 읽은 그림책의 주제나 소재를 고려한 놀이 선택

- 준비 시간: 준비에 부담되지 않는 5∼10분 이내로 준비

- 준비 재료: 최대한 가정에 있는 재료, 일반 미술 재료, 재활용품 사용

- 활동 시간: 주 1회 가정의 상황에 따라, 회당 20∼60분 정도 계획 세우기

- 독후 자료 사이트 및 아이디어 찾기

  – 키즈클럽(http://www.kizclub.com) 등 프린트 가능한 활동 자료 활용

  – 포털사이트의 [이미지]나 핀터레스트 검색으로 아이디어 얻기

  – 유튜브 검색하기: [책 제목+ Crafts for Kids/ art/ activities] 입력

책 만들기 활동[Book Making]

동화책을 읽고 나서 나만의 미니북을 만들어보는 시간을 가져봅니다. 책의 내용에 따라 다양한 형태의 미니북을 만들 수 있습니다. 예를 들어 배고픈 애벌레 책을 읽고 난 후에는 순서에 맞게 스텝북을 만들어보게 합니다. 칸마다 요일을 적은 후에, 애벌레가 먹은 음식을 그려 넣게 하면 나만의 책이 완성되지요. 또한 단순히 책에서 아이가 마음에 드는 그림을 그리고 단어를 적으면 우리 아이만의 창작 책도 간단하게 만들 수 있습니다. 다음의 미니북 만들기 그림을 참고하여 독후 활동으로 활용해보세요.

미니북 만들기(Step-Book)

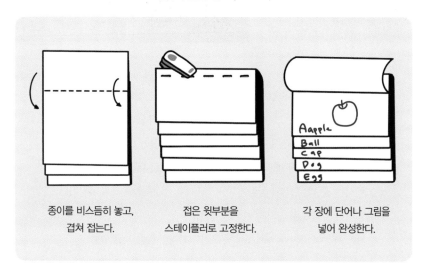

| 종이를 비스듬히 놓고, 겹쳐 접는다. | 접은 윗부분을 스테이플러로 고정한다. | 각 장에 단어나 그림을 넣어 완성한다. |

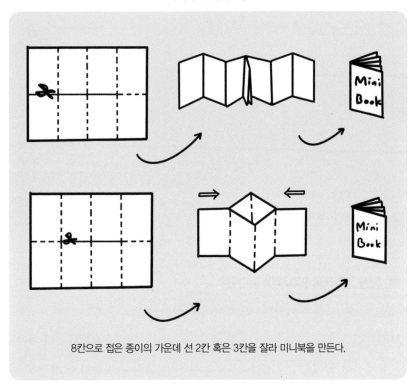

8칸으로 접은 종이의 가운데 선 2칸 혹은 3칸을 잘라 미니북을 만든다.

영어 그림책 읽기 Q&A

영어 그림책을 읽어주는 어머님들에게서 많이 받는 질문과 답변을 정리했습니다.

① 어떤 그림책을 읽어줘야 하나요?

부모는 좋은 책을 권하되, 책은 아이 중심으로 골라주세요. 아이가 좋아하면 그림만 읽거나, 건너뛰며 부분만 읽어도 최고의 책이 됩니다. 아이들은 자신이 좋아하고 선택한 것에서 높은 집중력을 발휘하기 때문이죠. 그러한 의미로 유명한 수상작보다 내 아이가 읽어달라고 하는 책이 최고입니다. 나이와 어휘 수준에 맞는 추천 도서는 언제 읽느냐고요? 아이가 선택한 책 사이에 끼워 읽어주세요.

② 일대일 해석을 해주어야 하나요?

영어 그림책을 읽어줄 때, 일대일 해석을 덧붙이기보다는 자연스럽게 읽어주세요. 영어 한 줄, 우리말 한 줄 문장 분석하기는 추천하지 않습니다. 단, 아이가 문장이나 단어의 뜻을 물어볼 때는 설명해주면 됩니다. 영어 그림책을 많이 읽다 보면 아이 스스로 유추하고 상상하는 힘도 커질 수 있습니다.

③ 이해도 확인을 꼭 해야 하나요?

그림책을 읽으며 아이가 어디까지 이해했는지 즉각적인 확인은 좋지 않습니다. 자칫 부모가 나를 평가한다는 생각에 아이의 흥미는 사라지고 책 읽는 자리를 피하고 싶어질 수 있겠지요. 아이가 지금 영어책을 보고 있다면, 즐기고 있다는 뜻입니다. 영어 그림책 읽기는 '즐거운 것', '자연스러운 것'이어야 합니다. 재미있게 읽어주기 위해 목소리에 변화(높고 낮게, 굵고 얇게, 작고 크게, 빠르고 느리게, 멈춤)도 만들어보세요. 아이는 책에 더 집중할 수 있습니다.

④ 좋아하는 책만 반복해서 읽는데 어떻게 하죠?

어린아이일수록 좋아하는 책을 만나면 반복해서 읽으려 하죠. 아이는 여러 번을 읽어도 매번 집중하는 그림이 다르고, 새롭습니다. 반복해서 읽다 보니 책을 외워버리기도 합니다. 그림책을 깊이 있게 반복해서 보고 상상하는 즐거움을 충분히 느끼게 해주세요. 의도치 않았지만, 스스로 파닉스를 깨우치거나 단어를 통으로 읽을 수도 있습니다.

'반복 읽기'는 읽기 유창성, 즉 '빠르고 정확한 읽기'에 도움을 줍니다. 혼자 읽기가 막 시작된 아이라면 유창한 읽기가 가능한 부모가 반 박자만 빠르고 크게 '함께 읽기'도 좋습니다. 엄마 한 줄, 아이 한 줄 '번갈아 읽기'도 좋은 방법이지요. 편안함과 자신감을 줄 수 있습니다.

⑤ 엄마의 발음이 좋지 않아도 괜찮나요?

엄마가 영어를 잘 모른다며 영어 그림책 읽기를 망설이는 부모가 정말 많습니다. 아이가 나의 잘못된 발음을 배울까 걱정이지요. 하지만 학습 전반의 긴 기간을 통해 음원과 영상, 그리고 원어민의 발음을 충분히 들은 아이들은 스스로 올바른 발음을 인식하게 된답니다.

또한 아이에게 그림책을 읽어주기 전에 엄마가 먼저 읽어보길 권합니다. 소리 내어 읽어 보고 어려운 단어는 없는지, 아이가 어려움을 느낄 부분은 없는지를 살펴보면 좋겠지요. 영어책 읽어주기가 훨씬 편해집니다. 음원이나 유튜브를 활용해 원어민의 음성 듣기도 도움이 됩니다. 가끔은 아이와 함께 스마트폰 사전 앱을 활용해 단어도 찾아보세요. '엄마표 영어' 하는 동안, 엄마가 모든 책을 완벽하게 알 수는 어렵습니다. 걱정하기보다는 부족한 발음이나 모르는 단어를 만나도 엄마가 영어 그림책을 당당히 즐기는 모습을 보여주세요. 아이도 같이 즐기게 될 겁니다.

⑥ 엄마표 영어 그림책 읽어줄 때, 제일 중요한 건 무엇일까요?

영어 그림책은 '재미'와 '꾸준함'이 가장 중요합니다. 영어 그림책 읽는 '습관'을 만들어보세요.

영유아기는 물론, 아이가 혼자 글자를 읽을 수 있는 초등학생이 되어도 잠자리 독서, 엄마 무릎 독서로 책 읽어주는 시간을 지속하길 권합니다. 매일 1권이 모여 1년 365권, 3년 1000권이지요. 엄마 품에서 엄마 냄새를 맡으며 책 읽는 시간. 그 따뜻함은 좋은 '영어 정서'를 만들어줍니다. 가끔 읽기 힘든 날은 음성 펜, CD, 영상 등 다양한 음성 자료도 활용해보세요. 만약 영어 그림책 읽기로 자녀와의 사이가 나빠진다면 일단 진행을 멈추고 아이를 돌아보세요. 부모와의 좋은 관계가 무엇보다 중요합니다.

교수법에서 찾는 엄마표 영어 전략

오랫동안 객관적 연구를 바탕으로 검증된 다양한 영어 교수법을 살펴보면서 엄마표 영어에서 사용하기 좋은 교수법의 전략과 해법을 찾아볼까요.

의사소통적 교수법

영어 원서나 동영상 자료들은 일상 대화 표현으로 가득합니다. 이 자료 사용에 적절한 교수법은 의사소통적 영어 교수법Communicative Language Teaching입니다. 의사소통적 교수법은 실제 생활에서 영어로 의사소통 능력을 높이는 것을 목표로 합니다. 문법 지식이나 단순 독해보다 학습자의 말하기 능력 배양에 힘을 쏟습니다. 단순 암기와 독해는 영어 회화로 이어지지 않는다는 점을 발견하고, 실제 언어 사용을 중시하는 의사소통적 교수법이 유행하기 시작했습니다. 이 교수법은 1980년대부터 지금까지 우리나라 영어교육에 막대한 영향을 미치고 있습니다.

의사소통적 교수법의 가장 큰 장점은 언어의 기능을 수행하는 데 꼭 필요한 사회적 맥락Social Context을 배운다는 점입니다. 대화 상대의 나이, 성별, 직업, 지위, 성격 및 친밀한 정도 등 다양한 요소를 고려하여 언어 형태를 고르고 소통하는 방법을 배우는 것입니다. 즉 영어 학습자들이 암기한 내용을 기계적으로 내뱉는 것이 아니라, 대화 상대와의 상호작용을 통해 상대가 말하고자 하는 것을 이해하고 공감하는 과정에 초점을 둡니다. 따라서 의사소통적 교수법이 주로 사용되는 영어 교육 현장의 경우에는 가능한 한 실제적인 영어를 사용할 수 있는 활동이 주를 이루게 됩니다.

소통에 큰 비중을 두다 보니, 정확한 소통으로 귀결되는 문법을 지루하고 쓸모없는 지식으로 간과할 수 있는 점에 유의해야 합니다. 아이의 수준에 맞는 학습서를 활용해 문법 개념을 이해하고 규칙을 정리해 두면 영어 쓰기와 고급회화로 확장하는 데 유용합니다.

문법-번역식 교수법

문법-번역식 교수법Grammar-translation Method은 본문을 읽고 해석하는 것이 핵심입니다. 따라서 문장 단위의 정확한 해석을 위한 문법 규칙과 어휘를 가르치는 데 대부분의 수업 시간을 할애하지요. 영어가 외국어인 만큼 문장 체계를 문법 학습을 통해 공부하는 것은 좀 더 정확하고 세련된 표현을 하는 데 큰 도움이 됩니다.

영어 영상, 음원, 그림책을 통해 충분한 듣기와 읽기 활동을 엄마표 영어로 진행했다면, 초등 고학년쯤 문법을 정리하여 기초를 탄탄히 하는 과정이 꼭 필요합니다. 문법과 어휘는 언어습득의 기초이자 완성이니까요.

문법-번역식 교수법의 가장 큰 장점은 가르치기 쉽다는 것입니다. 이

미 알고 있는 문법과 어휘 지식을 이용해 수업을 진행할 수 있습니다. 교사가 수업을 주도하니 교사의 권위도 세울 수 있어 학생 관리도 쉽습니다. 특히 50명 이상의 학생들이 한 학급에 옹기종기 모여 앉아 공부했던 1980~1990년대에는, 단시간에 많은 학생에게 지식을 전달하기 위한 거의 유일한 방법이었고요. 별다른 도구 없이 대형 강의를 가능하게 했던 교수법이었습니다.

그뿐만 아니라 학생의 관점에서는 시험을 준비하기에 유리한 면이 있습니다. 대부분 시험이 독해와 문법 위주이기 때문에, 의사소통을 중시하는 요즘에도 여전히 인기가 있습니다. 특히 입시가 중요한 우리나라에서 이 부분을 간과하기란 쉽지 않습니다.

하지만 문법-번역식 교수법은 의사소통 결여로 많은 비판을 받고 있습니다. 의사소통 수단으로 영어를 전혀 사용하지 않기 때문에, 이 방법으로 오랜 기간 영어 공부를 했어도 말을 하지 못하는 경우가 많기 때문입니다. 앞서 소개한 의사소통적 교수법과 문법-번역식이 적절히 조화를 이룬다면 참 좋은 영어 수업이 완성될 듯합니다.

청화식 교수법

청화식 교수법Audio-lingual Method의 가장 중요한 목적은 학습자가 말을 할 수 있게 하는 것입니다. 이를 위해 교사는 대화문을 제시하고, 학생들은 문장을 소리 내어 읽으며 대화문을 외웁니다. 레벨이 올라갈수록 대화문은 길어지고, 문장구조도 복잡해집니다. 문법 설명은 없습니다. 청화식 교수법의 핵심이 문장을 통으로 외워 언어를 습득하게 하는 것이기 때문입니다.

언어를 배우는 아이들을 살펴보면 단어나 문장을 수없이 반복하다가 말문이 트이곤 합니다. 똑같은 문장이 책, 영상 등에서 반복적으로 노출되면, 결국 언어 습득에 이르게 되는 것이지요. 이는 청화식 교수법의 근간이 됩니다. 일상 대화문으로 주로 구성된 영어 그림책을 반복해서 읽거나, 일상의 에피소드가 가득 담긴 페파피그와 같은 영상을 자주 본다면 청화식 교수법을 실천하는 것과 비슷한 효과를 볼 수 있습니다. 똑같은 영어 그림책이나 영상만 고집한다는 아이들의 이야기를 자주 듣곤 하는데요, 언어 습득을 위해 아이가 반복이라는 필요를 스스로 채워나가는 중이라고 이해하셔도 좋겠습니다.

청화식 교수법 교재에는 〈질문-대답〉 형식의 대화문이 수없이 나열되어 있습니다. 수업 시간에는 이 교재에 있는 문장들을 반복하여 읽고, 외우고, 파트너와 외운 것을 연습합니다. 문장 반복 연습의 최종 목표는 완벽하고 빠르게 외우기입니다.

청화식 교수법의 가장 큰 장점은 실제로 머릿속에 수많은 영어 문장을 남기고, 짧은 시간 내에 발화도 가능해지므로 학습자가 자신감을 가질 수 있다는 것입니다. 수십 년을 공부해도 두려워 말 한마디 못 하는 학생이 많은데, 이 교수법이 단기간에 만들어내는 구체적인 결과는 대단하다고 할 수 있습니다. 그뿐만 아니라 영어를 처음 시작하는 학생들이 영어 문장구조를 이해하는 데에도 효과적입니다. 영어 수업을 설계할 때, 청화식 교수법을 적절히 활용한다면, 학생들의 영어 실력 향상에 도움이 되는 것은 자명합니다.

하지만 청화식 교수법은 끊임없는 모방과 반복을 통한 언어 습관 형성만이 최고라 주장하므로 문제가 됩니다. 어느 학습자라도 인지능력이 있고, 또 하고 싶은 이야기가 있을 텐데, 자유로운 의사 표현보다는 문장암기에 너무 많은 초점을 두고 있기 때문입니다. 자기 생각을 표현하는 것이 외국어 학습의 궁극적 목표인데 이 부분이 고스란히 빠져 있습니다. 따라서 정해진 대화문 외우기를 강조하는 청화식 교수법의 한계는 이미 예고된 것이었을지도 모릅니다.

직접식 교수법

직접식 교수법Direct Method은 영어도 모국어처럼 자연스럽게 배워야 한다고 주장합니다. 자연스럽게 익힌다는 관점을 부각하여 '자연적 접근법Natural Approach'이라 부르기도 합니다. 외국어 학습 과정을 모국어 습득에 비유하고, 영어도 그렇게 배우자는 것이 핵심입니다. 모국어 습득을 살펴보면 〈듣기-말하기-읽기-쓰기〉 순으로 이루어지니, 영어 교육도 비슷하게 가자는 의미입니다.

직접식 교수법에서 가장 중요한 요소는 목표어를 직접 사용하여 외국어를 익혀야 한다는 점입니다. 즉, 영어를 배운다면, 한국어로 영어를 배우는 것이 아니라, 원어민 교수자와 직접 대화하면서 영어를 자연스럽게 습득하도록 교육환경을 구축해요. 한국인 선생님이 영어를 가르치지 않습니다.

따라서 직접식 교수법의 성패는 소규모의 학생들이 원어민과 얼마나 많은 대화와 일상을 나누었느냐에 따라 결정됩니다. 또한 발음과 문법 교육도 중요하므로, 의사소통의 정확성과 유창성을 동시에 향상하는 것을 목표로 합니다. 그래서 직접식 교수법을 통해서라면, 외국어 습득이 성공적일 가능성이 매우 큽니다.

그러나 이런 교수·학습 환경이 실현 가능한가 하는 부분이 의문으로 남습니다. 우리나라뿐만 아니라, 세계 어느 나라에서도 직접식 교수법 구현을 위한 환경을 조성하기란 쉽지 않기 때문입니다. 원어민 교사 수급과 학생 수 조정 등 여러 측면에서 어려움이 있습니다.

직접식 교수법과 비슷한 학습 환경은 어학연수에 간다면 체험할 수 있겠습니다. 자연스럽게 조성되는 영어환경을 통해 언어를 습득할 좋은 기회가 되니까요. 어학연수에 가게 되면 보통 원어민 홈스테이 가족과 함께 생활하면서, 정규 어학연수 기관에서 수업을 듣고 그 외 시간에는 동네 카페, 공원, 마트 등 삶의 다양한 현장에서 생생한 영어 표현을 익힐 수 있습니다. 온종일 영어를 사용하는 환경에서 영어가 자연스럽게 일상화되는 것입니다.

군이 영어권 국가에 여행을 가지 않더라도, 화상영어나 원어민 교사의 회화수업 참여 등을 통해 엄마표 영어로 자라는 아이들도 충분히 직접식 교수법의 혜택을 볼 수 있으니 다양한 방법을 동원하여 적절하게 활용하면 좋습니다.

오늘 누군가가 그늘에 앉아 쉴 수 있는 이유는

오래전에 누군가가 나무를 심었기 때문이다.

Someone's sitting in the shade today

because someone planted a tree a long time ago.

- 워렌 버핏, 미국 기업가

2장

리더스

알파벳과 파닉스 과정을 거치면서 아이는 스스로 글자를 읽어낼 준비를 갖추게 됩니다. 이때 아이가 충분히 혼자 힘으로 읽어 나갈 수 있도록 사이트 워드나 쉬운 단어들로 이루어진 책을 준비해 주세요. 이런 종류의 책을 리더스북(Leveled Readers)이라고 부릅니다. 쉬운 단계부터 읽기 경험을 쌓아 읽기 독립이 되도록 다양한 책을 제공해주어 읽는 재미에 빠질 수 있도록 이끌어주세요.

리더스가 중요한 이유

리더스Leveled Readers는 읽기 능력 향상과 읽기 자신감을 키워주기 위해 만든 책입니다. 리더스는 단계별로 선택된 어휘와 문장구조로 구성되어 있습니다. 얇은 페이퍼북의 형태로 페이지 수가 적고 시리즈로 구성되어 있습니다. 내용으로는 픽션(이야기)과 논픽션(사회, 과학)을 두루 다룹니다. 단계의 구분은 시리즈마다 다르지만 보통 1~5단계로 나뉘며 책의 앞, 뒤표지에 레벨이 표시되어 있습니다. 출판사나 시리즈별로 같은 단계라 하더라도 책의 수준이 모두 같지는 않습니다. 책을 선택할 때는 미리보기 등으

언 아이 캔 리드(An I Can Read Book) 시리즈

| Sammy the Seal | Frog and Toad Together | Clara and the Bookwagon | Dinosaur Hunter |

로 내용을 먼저 확인해 주세요.

영어 읽기에는 단계가 있습니다. 처음에는 엄마의 목소리로 책을 읽어 주세요. 소리 내어 읽어주는 시간이 쌓이면서 아이가 읽을 수 있는 단어와 문장이 늘어갑니다. 이런 과정을 따라 아이 스스로 읽을 수 있는 독립적 읽기 단계로 자연스럽게 넘어가게 됩니다.

영어 읽기 단계

Read Aloud	Shared Reading	Guided Reading	Independent Reading
소리 내어 읽어주기	함께 읽기	유도적 읽기	읽기 독립

소리 내어 읽어주기

엄마가 선택한 책을 아이에게 소리 내어 읽어주세요Read Aloud. 이때 글은 동화책일 수도 있고, 동시나 신문 기사, 편지 글이여도 괜찮습니다. 다양한 글을 아이에게 읽어주는 과정을 통해 아이들은 어떻게 글을 읽어야 하는지 간접 경험하게 됩니다. 아이들이 좋아하는 책을 반복해서 읽어주는 것을 추천합니다.

읽어주는 사람이 즐겁게 읽어주는 것만으로도 교육의 효과는 높습니다. 이야기를 실감 나고, 재미있게 읽어주면서 아이에게 질문을 던져보세요. 이야기의 다음 장면도 예상해보고, 요점 정리도 하면서 읽어주세요. 이런 과정을 거치면 추후 아이들은 스스로 책을 읽을 때 부모가 읽어준 대로 책을 읽어내게 됩니다. 부모가 던진 질문을 아이 스스로 만들어 가면서 읽는 모습을 볼 수 있습니다.

함께 읽기

함께 읽기Shared Reading는 부모와 아이가 함께 책을 읽는 것을 뜻합니다. 영어 읽기에 익숙하지 않은 아이를 부모가 도와주는 것입니다. 앞서 말한 소리 내어 읽기에 비해 상대적으로 아이의 역할이 큰 편입니다. 함께 읽기는 아이의 적극적인 태도가 필요합니다. 이때 가장 중요한 것은 책 고르기입니다. 평소 축구를 좋아하는 아이라면 축구 이야기가 들어간 책을 골라주세요. 읽는 즐거움을 느낄 수 있습니다. 내용뿐만 아니라 글의 구조도 중요합니다. 단어나 문장이 후렴처럼 반복되어 아이들이 글자를 모르더라도 스스로 유추해서 읽을 수 있습니다. 앞서 설명한 라임이 반복되는 마더구스를 활용해도 좋습니다.

유도된 읽기

유도된 읽기Guided Reading로 해석되기도 하는 이 단계에서는 아이가 혼자서 충분히 읽을 수 있는 책을 준비해야 합니다. 유창하게 읽는 데 방해가 되지 않을 정도의 책을 아이에게 줍니다. 이때 책을 고르는 기준은 다음과 같습니다. 아이의 읽기 정확도가 90% 이상으로, 책 내용이 아이의 지식 수준에 맞아야 합니다. 또한 책 내용이 아이의 흥미를 끌 수 있어야 합니다. 이러한 책을 고르기 어려우면 리더스Leveled Readers를 선택하여 읽히면 됩니다.

독립된 읽기

독립된 읽기Independent Reading는 아이 스스로 책을 선택해서, 지금까지 배운 읽기 전략을 직접 적용하여 책 읽기의 즐거움을 경험하는 시간입니다. 이때 부모는 아이의 책 읽기에 개입하지 말아야 합니다. 또한 책 선택권 역시 아이에게 주어져야 합니다. 명심해야 할 것은 독립적 읽기는 한 순간에 나타나는 현상이 아니라 오랜 시간의 축적에서 나오는 결과라는 점입니다. 책 읽기가 습관이 될 수 있도록 부모는 적극적인 역할을 해야 합니다.

리더스의 장점과 종류

우리나라와 같이 영어를 외국어로 배워야 하는 환경에서 책 읽기는 매우 중요한 영어 습득 방법입니다. 책을 읽으면서 듣기, 말하기, 읽기, 쓰기 능력이 향상될 뿐 아니라 어휘력, 독해력도 늘어납니다. 관심 있는 분야의 책을 통해서 지식을 얻게 될 뿐 아니라 내적 성장까지 맛볼 수 있습니다. 이때 유용하게 사용할 수 있는 책이 바로 리더스Leveled Readers입니다. 리더스의 장점부터 알아봅시다.

리더스의 장점

리더스는 의도적으로 선택된 어휘와 문장 패턴을 통해 아이 스스로 읽기 자신감을 키울 수 있다는 장점이 있습니다. 그림책과 챕터북의 중간 역할을 하는 리더스북은 읽기만으로도 충분한 효과를 볼 수 있습니다. 보통 1~5단계 내외로 제작되는 리더스는 초기 1~2단계의 경우 읽기 수준이 낮지만, 높은 단계로 올라갈수록 챕터북보다 읽기가 어려운 때도 있습니다. 비슷한 레벨의 다양한 책을 읽는 방법으로 읽기 실력을 높일 수 있습니다.

리더스는 종류가 다양해 선택의 폭이 넓습니다. 책을 고를 때 아이의 관심과 흥미를 고려하여 아이에게 알맞은 책을 찾아주는 노력이 필요합니다. 아이가 다양한 책을 읽다 보면(다독) 영어 실력뿐 아니라 책을 좋아하는 아이로 성장하게 됩니다.

이런 리더스를 손쉽게 볼 수 있는 사이트로 밀리의 서재(www.millie.co.kr)를 소개합니다. 스마트폰과 PC 버전에서 모두 사용할 수 있습니다. 다음에 소개하는 스마트 파닉스 리더스, 파닉스 펀 리더스, 선샤인 리더스, 콜린스 빅캣 리더스, 컴퍼스 클래식 리더스 외에 다양한 리더스를 읽어볼 수 있습니다.

리더스의 종류

① 스마트 파닉스 리더스(Smart Phonics Readers)

아이들의 인지 수준과 흥미를 고려한 소재와 반전 있는 내용으로 구성되었습니다. 단계별 구성된 문장 속에서 파닉스 규칙을 자연스럽게 깨우치면서 영어 읽기에 흥미와 자신감을 키워줍니다. 총 5단계, 20권의 책으로 구성되어 있습니다.

Show and Tell   Look, Mom!   A Note for Cole   Snack Day   Roy's Toy

② 파닉스 펀 리더스(Phonics Fun Readers)

재미있는 이야기와 파닉스 학습을 결합하여, 학습자들이 영어를 읽어 내는 것을 쉽게 배울 수 있도록 고안된 파닉스 학습용 영어 동화 시리즈 입니다. 목표 어휘가 포함된 이야기를 듣고 따라 읽으면서 파닉스를 마스 터하고 동시에 영어 읽기 학습을 시작하기 위한 기초를 쌓을 수 있도록 총 25권으로 구성되어 있습니다.

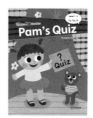

Ant, Bug and Cat   Ten Bugs   The Den   Pam's Quiz   Zed's Zigzag

③ 선샤인 리더스(Sunshine Readers)

간결한 문장 패턴과 운율로 이뤄진 선샤인 리더스는 동물, 친구, 상상의 세계 등 아이들의 상상력을 자극하는 이야기로 구성된 것이 특징입니다. 생동감 넘치는 삽화로 전 세계적인 사랑을 받고 있는 조이 카울리Joy Cowley 의 작품이 대다수 포함되어 있습니다.

| Mr. Grump | Wake Up, Mom! | My Sloppy Tiger | The Magic Tree | The Cow in the Hole |

④ **콜린스 빅캣 리더스**(Collins Big Cat Readers)

영국을 대표하는 영어사전 출판사 '콜린스'의 리더스북 〈빅캣 시리즈〉입니다. 리더스북은 영어 읽기에 관심을 보이기 시작한 아이들이 스스로 읽을 수 있도록 도와주기 위한 책입니다. 보통 유치원생부터 초등학교 저학년이 리더스 대상입니다. 〈콜린스 빅캣 시리즈〉는 아이의 나이와 실력에 따라 체계적인 읽기를 할 수 있도록 잘 구분되어 있습니다. 제목에 적힌 Band 옆 숫자가 레벨입니다. 영어 사용자를 대상으로 Band 1은 4~5세, Band 15는 8~9세에게 적합한 교재입니다.

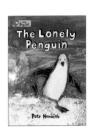

| The Porridge Pincher | Tara Binns High-flying Pilot | The Lonely Penguin | Jake and Jen in the Tomb of Ice | Trixie Tempest's Diary |

⑤ 컴퍼스 클래식 리더스(Compass Classic Readers)

수 세기에 걸쳐 꾸준히 사랑받아온 세계 고전 명작은 시대적 배경과 역사가 살아 숨 쉬는 최고의 영어학습 자료입니다. 친숙한 내용을 영어로 읽어 보면서 빠른 이해와 내용 유추가 가능하여 영어 읽기에 대한 부담감을 줄여줍니다. 가장 널리 읽히는 60편의 명작을 엄선하여 학습 효과를 높인 클래식 리더스 시리즈를 추천합니다.

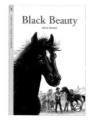   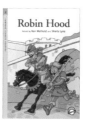 

Black Beauty   Anne of Green Gables   The Wizard of Oz   Robin Hood   Doctor Dolittle

밀리의 서재에서 읽을 수 있는 리더스북 이외에도 아이들에게 사랑받는 출판사별 리더스북을 소개합니다.

⑥ 스텝 인투 리딩(Step into Reading)

1987년에 출간되어 세계적으로 꾸준히 사랑받는 스테디셀러 리더스 스텝 인투 리딩 시리즈입니다. 미국 교육 미디어 PBS에서 방영되고, 에미Emmy상을 수상한 작가 '마크 브라운Marc Brown'의 인기 캐릭터 〈아서Arthur〉 시리즈를 스텝 인투 리딩에서 볼 수 있습니다. 〈겨울왕국Frozen〉이나 〈엔칸토Encanto〉와 같이 영화로 친숙한 캐릭터가 등장하여 책 읽기의 호기심을 자극합니다.

스텝 인투 리딩은 픽션Fiction과 논픽션Non-fiction이 골고루 구성된 것이 특징입니다. 홈페이지에서 실생활 활용도가 높은 어휘와 표현 위주로 구성된 워크북을 내려받아 활용할 수 있습니다(www.stepintoreading.co.kr/book/activities.asp).

스텝 인투 리딩 시리즈

Watch Your Step,   Super Animals!   Elsa's Epic Journey   Helen Keller   Raptor Pack
Mr. Rabbit!

스텝 인투 리딩 시리즈 워크북

Bingo activity kit   Biography activity   Certificate of achievement   Nonfiction Bookmark 3,4,5

⑦ 아이 캔 리드(I Can Read)

읽기 방법 중에 좁혀 읽기Narrow reading가 있습니다. 읽기 레벨을 집중적으로 높이기 위해 한 작가의 시리즈 전체를 읽거나 특정 주제에 관한 책을 선택해서 읽는 방법입니다. 이러한 시리즈물의 장점은 인물, 사건, 배경의

아이 캔 리드 캐릭터 시리즈

Biscuit and the
Great Fall Day

Monster Truck

Everybody Dances

Meet the Easter
Bunny

The Good Egg
and the Talent show

Amelia Bedelia
Steps Out

Nancy Takes the
Case

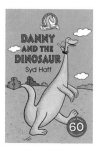

Danny and the
Dinosaur

Flat Stanley and
the Bees

Frog and Toad All
Year

Splat the Cat

My Weird School

갈등 구조를 손쉽게 파악할 수 있고, 자주 쓰이는 표현이나 어휘 학습에도 효과적입니다. 리더스에 시리즈 구성이 많은 이유가 읽기 초보자에게 어려움을 최소화해주고 긴 호흡의 글도 끝까지 읽어내는 습관을 길러주는 데 도움이 되기 때문입니다. 시리즈물로 사랑받고 있는 아이 캔 리드는 800여 종이 넘는 리더스로, 다음과 같은 대표적인 캐릭터들이 있습니다. 아이 캔 리드 홈페이지(www.icanread.com/activities)를 방문하면 다음 자료와 같은 다양한 활동지를 출력할 수 있습니다.

아이 캔 리드 시리즈 활동지

⑧ 디즈니 펀투리드(Disney Fun to Read)

디즈니 펀투리드 시리즈는 디즈니 애니메이션을 재구성한 4단계 리더스입니다. 기존에 알려진 애니메이션 내용을 축약한 이야기가 담겨 있습니다. 뿐만 아니라 유아, 유치 아이들이 알아야 할 주제로 만들어진 새로운 이야기도 볼 수 있습니다. 1단계는 쉬운 단어와 짧은 문장으로 전개되어 아이들이 즐겁게 읽기를 시작할 수 있습니다. 책 뒤에 워크북을 실어서 부담 없이 읽은 내용을 확인할 수 있습니다.

| Fly, Dumbo, Fly | Toys and Dreams | Journey into the Mind | Finding Nemo |

⑨ 레디 투 리드(Ready to Read)

파닉스 수준부터 얼리 챕터북 수준까지 5단계로 이루어져 있는 레디 투 리드Ready to Read 시리즈는 사랑받는 고전, 매력적인 논픽션, 친숙한 캐릭터가 특징입니다. 그림책으로 만난 에릭 칼Eric Carle의 작품을 리더스북 버전으로 만날 수 있습니다. 엘로이즈 캐릭터와 스트레가 노나와 같은 친숙한 캐릭터를 만날 수 있다는 점이 레디 투 리드의 장점입니다. 레디 투 리드 시리즈 역시 홈페이지(www.readytoread.com/activities.html)에서 필요한 활동지를 내려받아 사용할 수 있습니다.

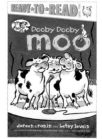

Rooster Is Off to See the World   Eloise Visits the Zoo   Strega Nona and Her Tomatoes   Dooby Dooby Moo

⑩ 어스본 영 리딩(Usborne Young Reading)

1973년 영국의 피터 어스본이 설립한 어스본 출판사에서 제작된 어스본 영 리딩Usborne Young Reading 시리즈는 30여 개 언어로 번역되어 전 세계 어린이들에게 사랑받고 있습니다. 일상생활에서 사용되는 표현들로 구성된 문장, 페이지마다 펼쳐진 다채로운 색상의 유머러스한 삽화는 어린 독자들에게 읽는 즐거움과 보는 즐거움을 선사해줍니다.

  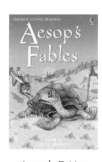 

| The Frog Prince | Aladdin And His Magical Lamp | Aesop's Fables | Gulliver's Travels |

⑪ 오알티 ORT(Oxford Reading Tree)와 이북(E-Book)

오랜 시간 사랑받아온 오알티ORT 시리즈가 있습니다. 등장인물 비프Biff, 칩Chip, 키퍼Kipper 가족을 중심으로 벌어지는 에피소드가 읽는 재미를 더해줍니다. 단어 없이 그림만 있는 워드리스 책Wordless Book부터 시작해서 단계가 높아질수록 어휘, 문장의 길이가 길어집니다. 대화체로 구성된 문장으로 말하기 역량을 강화할 수 있습니다. 오알티 홈페이지(www.ortkorea.com)에서는 교수 가이드를 비롯한 각종 자료를 찾아볼 수 있습니다.

옥스포드 출판사 홈페이지(www.oxfordowl.co.uk/library-page)에서는 회원

| Get Dad | Biff's Aeroplane | The Cold Day | The Magic Key | The Dragon Tree |

가입 후 무료로 이북E-book을 볼 수 있습니다. 키퍼 ORT 시리즈 이외에도 파닉스 ORT, 전래동화 ORT 등 다양한 이북을 미리 볼 수 있어서 아이 수준에 맞는 책을 선정하기에 편리합니다.

오알티 이북

⑫ **오알티 익스플로러**(ORT Explore)

오알티 익스플로러ORT Explore 시리즈는 한 개의 주제로 2권의 책이 세트로 구성되어 있습니다. 한 권은 픽션, 또 다른 한 권은 논픽션으로 구성되어 27개 주제를 다루고 있습니다. 총 54권의 리더스를 읽으면서 과학, 지리, 역사 및 예술 등 광범위한 커리큘럼을 다루게 됩니다.

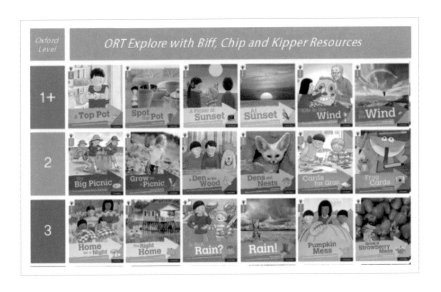

배경지식을 쌓는 논픽션 리더스

리더스는 크게 픽션과 논픽션 리더스로 나눌 수 있습니다. 사회, 과학 등의 영역을 다룬 논픽션 리더스는 읽기를 통해 특정 어휘를 습득할 수 있습니다. '곤충'을 예로 들어볼까요. 곤충의 몸은 머리, 가슴, 배로 나눌 수 있습니다. 하지만 이런 '머리Head, 가슴Thorax, 배Abdomen' 어휘들을 픽션 스토리북에서 찾아보기는 어렵습니다. 논픽션 리더스는 실제 사진을 사용하는 경우가 많아 생생함이 잘 전달됩니다. 짧은 글이라도 논리성이 들어간 문장으로 책이 구성되었다는 점이 장점입니다. 대표적인 논픽션 시리즈를 알아봅시다.

내셔널 지오그래픽 키즈

대표 논픽션 리더스인 내셔널 지오그래픽 키즈National Geographic Kids는 사회, 과학 분야의 다양한 주제를 다루고 있습니다. Pre-reader부터 3단계로 구성되어 있고, 실사 사진 자료를 사용해서 시각적 효과가 매우 좋

Giraffes   Halloween   Night Sky

습니다. 홈페이지에서는 사진과 영상 자료를 모두 볼 수 있습니다(kids.nationalgeographic.com).

플라이 가이 논픽션 리더스

소년 버즈Buzz와 애완 파리 플라이 가이Fly Guy가 아이들의 지적 호기심을 충족시켜 주는 플라이 가이 논픽션 리더스Fly Guy Nonfiction Readers를 소개합니다. 자연, 과학, 사회 주제에 따른 정보를 생생한 사진과 쉽게 풀어쓴 논픽션 리더스입니다. 플라이 가이 시리즈는 테드 아놀드의 단행본 작품으로 시작되었습니다. 유머러스한 내용으로 폭발적인 인기를 얻으며, 플라이 가이 캐릭터를 이용한 다양한 리더스가 등장했습니다.

플라이 가이 논픽션 리더스

플라이 가이 논픽션 리더스

Space

Weather

Insects

Dogs

플라이 가이 픽션 리더스

Shoo, Fly Guy!

I Spy Fly Guy!

Fly Guy and Fly Girl

Ride, Fly Guy, Ride!

매직 스쿨 버스 리더스

유명한 논픽션 리더스 중 하나인 매직 스쿨 버스 리더스Magic School Bus Readers
는 스토리북, 리더스, 챕터북 등 형식이 다양합니다. 프리즐 선생님과 함
께 신기한 스쿨버스를 타고 상상을 초월한 과학 모험을 떠나는 내용으로,
책을 읽으면서 자연스럽게 과학의 기본 원리를 배우게 됩니다.

The Magic School
Bus Rides the Wind

The Magic School
Bus and the Missing
Tooth

The Magic School
Bus Sleeps for the
Winter

The Magic School
Bus Takes a
Moonwalk

리더스 선택하기

다섯 손가락 접기

다양한 리더스 시리즈 중에서 우리 아이가 좋아하는 책을 어떻게 찾을 수 있을까요? 우선은 아이의 정확한 레벨을 알아야 합니다. 레벨에 맞는 책

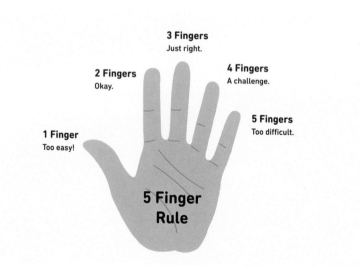

다섯 손가락 접기

인지 확인하는 가장 쉬운 방법은 직접 책을 아이에게 읽혀보며 확인하는 것입니다. 아이에게 두세 페이지 정도를 읽게 하여 모르는 단어가 얼마나 되는지 세어보세요. 이때 다섯 손가락 접기5 Finger Rule 방법을 사용하여 한 페이지 안에서 모르는 단어가 5개 이상 되면 그 책은 아이에게 어려운 수준으로 판단합니다. 이렇게 두세 권을 읽혀보면 아이 수준에 맞는 리더스를 쉽게 선택할 수 있습니다.

렉사일 지수

원서를 고를 때 독서 지수를 확인해보세요. 대표적인 독서 지수에는 렉사일Lexile과 AR 지수가 있습니다. 유의할 점은 독서 지수는 영어가 모국어인 아이들의 읽기 능력 난이도를 측정하기 위해 만들어진 것이므로 우리 아이들에게 적용할 때는 이 점을 감안해 책을 골라야 합니다.

렉사일 지수Lexile® measures는 1984년도에 미국에서 설립된 교육 연구기관인 메타메트릭스MetaMetrics®의 연구를 기초로 개발된 영어 읽기 능력 지수입니다. 렉사일 지수의 용도는 크게 두 가지입니다.

첫째, 개인의 읽기 능력을 측정하는 도구로 사용됩니다. 연구 결과에 의하면 75%의 텍스트 이해도를 보일 때 영어 독서의 흥미도가 가장 높다고 합니다. 즉 750L 렉사일 독자 지수를 가진 학생이 750L 렉사일 텍스트 지수를 보유한 영어 도서를 읽을 때 가장 큰 흥미를 보인다는 뜻입니다. 영어책을 선택할 때 렉사일 지수를 포함하여 책 내용, 독자 나이, 개인 흥미도, 책 디자인 등을 고려하여 선택해주세요.

미국의 경우 성적 평가에 렉사일 지수가 표기되고 있습니다. 만약 성적 표에 500L의 렉사일 지수가 표시되었다면 이 아이의 이상적인 렉사일 텍스트 범위는 400L부터 550L까지입니다. 보통 본인의 렉사일 지수에서 100을 빼거나 50을 더해서 적정 렉사일 범위를 정합니다.

만약 영어 읽기 평가에서 880L을 받았다면《해리포터와 마법사의 돌》을 읽을 수 있는 수준입니다. 렉사일 지수와 대표적인 책의 목록을 기억

우리 아이 렉사일 지수 찾기

《해리포터와 마법사의 돌》 렉사일 지수

하는 것도 책을 선택할 때 좋은 기준이 됩니다. 렉사일 지수를 확인할 수 있는 사이트(hub.lexile.com/find-a-book/search)를 참고하세요.

렉사일 지수의 두 번째 용도는 영어책의 텍스트 난이도를 측정하는 데 사용됩니다. 렉사일 텍스트 지수는 단어의 반복도Word Frequency와 문장의 길이Sentence Length를 바탕으로 측정합니다. 렉사일 척도는 0L부터 2,000L 까지 측정하고, 지수는 10L을 기준으로 표기됩니다. 즉 150L, 220L, 1,150L 등의 지수가 부여되는 것입니다. 렉사일 지수는 수많은 리서치와 통계 결과에 바탕을 두고 있으며 많은 교육기관에서 사용되고 있습니다. 전 세계적으로 공신력이 입증된 TOEFL iBT®와 TOEFL®Junior™ 리딩 파트 점수에도 렉사일이 직접 표기되어 제공됩니다.

참고로 우리나라 수능의 렉사일 지수는 1,000L~1,300L 수준입니다. 고등학교 교과서는 700L~1,000L 사이, 중학교 교과서는 500L~800L 사이가 됩니다. 영어책을 고를 때 참고해서 선택합니다. 근래에 발행된 시중의 리딩 교재 뒤편에 이러한 렉사일 지수가 표기된 경우가 많습니다. 예스24와 같은 온라인 도서 구매 사이트에서도 렉사일 지수를 손쉽게 확인할 수 있습니다.

AR 지수

AR 지수ATOS Book Level는 미국 르네상스 러닝Renaissance Learning®사가 개발한 독서 관리 프로그램으로, 책의 난이도를 측정하는 레벨 지수입니다. 미국의 45,000개 이상의 학교에서 사용되고 있으며, 평가 기준은 문장의 길이, 단어의 난이도, 책에 포함된 어휘 수입니다. AR 지수는 렉사일 지수와 달리 미국 교과서 커리큘럼에 맞추어 한 학년을 총 10개 단계로 나누었습니다. 미국 학년을 사용해 표시하기 때문에 렉사일에 비해 조금 더 직관적으로 레벨을 파악할 수 있습니다.

예를 들어, AR 2.1의 의미는 영어를 모국어로 하는 아이 기준, 2학년 1개월 학생이 읽을 만한 수준의 책이라는 뜻입니다. 참고로《찰리와 초콜릿 공장Charlie and the Chocolate Factory》은 AR 4.8로 렉사일 지수로 비교하면 700~775L 정도입니다. 가정에서는 www.arbookfind.com 사이트에서 책 제목을 입력하면 쉽게 AR Level을 확인할 수 있습니다.

렉사일과 AR의 가장 큰 차이점은 이해력 측정 방식입니다. 렉사일의 경우 문장에서 사용된 어휘의 문맥상 의미, 글의 전체적인 이해력을 측정합니다. AR은 어휘의 정확한 의미, 문장의 이해, 글의 세부 내용을 측정

AR 레벨과 렉사일 지수 비교

학년	AR Level	Lexile Rating
K	0~0.9	25
Grade 1	1.0~1.9	50~325
Grade 2	2.0~2.9	350~525
Grade 3	3.0~3.9	550~675
Grade 4	4.0~4.9	700~775
Grade 5	5.0~5.9	800~875
Grade 6	6.0~6.9	900~950
Grade 7	7.0~7.9	975~1,025

합니다. 따라서 글의 전체적인 이해도를 측정하는 것은 AR보다 렉사일이 더 적합하며, 시험의 난이도 조정 등에서도 AR보다 렉사일이 더 많이 사용됩니다.

위에서 말한 다섯 손가락 접기와 리딩 지수로 아이의 읽기 수준이 확인되었다면 아이가 좋아할 만한 책들을 골라 꾸준히 읽을 수 있는 독서 환경을 만들어주세요.

리더스 시리즈 단계 비교

단계별 리더스는 출판사마다 조금씩 다른 기준을 가지고 만듭니다. 때문에 같은 Level 1이라 하더라도 책의 수준이 다를 수 있습니다. 예를 들어, 《I Can Read : Level 1》은 《Step into Reading : Level 2》와 수준이 비슷합니다. 다음 표를 참고해서 책 내용을 직접 살펴보고 문장의 길이나 어휘 등을 확인하여 책을 선택하세요.

출판사별 리더스 레벨 비교

리더스 단계	I Can Read	Step into Reading	ORT : Oxford Reading Tree	Ready to Read
Pre	My Very First		1+	Pre
1단계	My First	Level 1	2~3	Level 1
2단계	Level 1	Level 2	4~5	Level 2
3단계	Level 2	Level 3	6~7	Level 3
4단계	Level 3	Level 4	8~9	

I Can Read Level 1 :
The Good Egg and
the Talent Show

Step Into Reading
Step 2 : The Teeny
Tiny Woman

Ready-To-Read
Level 2 : Christmas
Is Here!(Peanuts)

ORT : Oxford Reading
Tree Level 5 :
Kipper and the Trolls

리더스 학습용으로 활용하기

읽기만 해도 도움이 되는 리더스를 학습적으로도 활용할 수 있습니다. 요즘 리더스 음원은 주로 QR로 제공되는 경우가 많습니다. 스마트폰의 앱을 사용해 책 안에 들어 있는 QR코드를 인식시키는 방식으로 듣기를 손쉽게 할 수 있습니다. 리더스의 음원은 학습자가 듣기 편하도록 비교적 느린 속도와 정확한 발음으로 만들어집니다. 이런 음원을 활용해 원어민의 소리를 듣고 따라서 읽게 합니다. 이를 통해 소리 노출과 동시에 발음, 억양, 강세 등을 연습할 수 있습니다.

말하기 실력을 키우기 위한 방법으로는 낭독과 녹음을 추천합니다. 원어민 없이도 말하기speaking를 연습할 수 있는 좋은 방법입니다. 단어나 어휘를 학습할 때는 철자를 암기하는 것이 아니라 단어를 눈으로 보아 음가를 알고 읽을 수 있으며 그 뜻을 생각해 낼 수 있다면 아는 단어로 간주해

주세요. 또한 리더스는 읽기 실력의 향상을 목적으로 만들어진 책이기 때문에 홈페이지나 책의 뒷부분에 워크지가 제공되는 경우가 있습니다. 책을 읽고, 워크북을 푸는 방식으로 이해도나 성취도를 확인할 수 있습니다.

도서관, E-Book 이용하기

리더스 읽기가 편안해진 아이들에게 재밌고 다양한 책을 지속해서 접할 수 있는 환경을 제공하면 더욱 폭넓은 독서를 하는 데 도움이 되겠지요. 하지만 종류도 많고 끊임없이 새로 나오는 책을 모두 구매할 수는 없습니다. 이럴 때는 주변의 도서관을 적극 활용해보세요. 지역별로 운영되는 영어 도서관과 시립이나 구립도서관을 이용해 보세요. 요즘은 E-book 활용도가 높아져 온라인 영어 도서관도 수요가 많습니다. 무료 체험 기간이 있으니 한 번씩 이용해 보면서 취향에 맞는 곳을 선택해 보세요.

아이들이북
www.idolebook.com
애플리스 외국어사의 e북 브랜드로 단계별 커리큘럼이 제공된 e북과 비디오를 통해 영어에 흥미를 유발시킴

리틀팍스
www.littlefox.co.kr
방대한 양의 애니메이션 콘텐츠와 다양한 레벨의 학습 체계를 지님

리딩게이트
www.readinggate.com
세계 유명 원서를 e북과 퀴즈 풀기를 통해
학습할 수 있는 온라인 영어 독서 프로그램

라즈키즈
www.razkids.co.kr
180여 개 국가 800만 명 이상 사용
미국/캐나다 초등 교과과정에서 활용

RENAISSANCE
myON

마이온
www.myontime.kr
6,200권 이상의 e북이 수록되어 있으며, 70%
의 도서가 논픽션으로 구성되어 있음

온라인 서점 가이드

영어책을 구입할 수 있는 대표적인 온라인 서점을 안내합니다. 레벨별 카
테고리를 찾아 책 리스트를 천천히 살펴보세요. 미리보기 기능이나 상세
페이지, 후기를 통해 책을 좀 더 자세히 볼 수도 있습니다. 인기 도서나
스테디셀러 목록을 참고하는 방법도 좋습니다. 적은 권수로 구성된 가격
부담이 없는 세트 형태를 구매하거나 단권 구매를 추천합니다. 도서관에
서 빌려 보거나 두세 권 구매해 읽혀보고 반응이 좋다면 그때 추가로 구
매해 보세요. 예스24, 알라딘, 개똥이네 중고 서점도 참고하세요.

웬디북 www.wendybook.com

- 연령별, 분야별 카테고리
- 분야별 추천 상품
- 그림책 큐레이션: 웬디북클럽
- AR/렉사일 지수 표기

동방북스 www.tongbangbooks.com

- AR지수별 카테고리
- 다양한 기획전과 이벤트 행사
- B급 도서전

하프 프라이스북 http://www.halfpricebook.co.kr

- 매일 업데이트되는 책 목록
- 슈퍼 바이(B급 도서, 반품 도서 등) 상품 판매
- 저렴한 가격에 깨끗한 책을 구매할 수 있음

어디를 가든지 마음을 다해 가라.

Wheresoever you go, go with all your heart.

– 공자, 중국 사상가

3장

챕터북

단계별 리더스를 잘 읽어온 아이들이 건널 그 다음 다리는 '진짜 영어 독서의 시작'이라고 할 수 있는 챕터북(Chapter Book)입니다. 책을 즐길 준비가 된 아이들은 영어 원서가 주는 언어의 즐거움과 흥미진진한 스토리에 빠져들며 '자율독서가'로 성장하게 됩니다. 아이의 취향과 관심사를 파악해 책을 골라주고, 스스로 성취감과 자신감을 느끼며 책을 좋아하는 아이로 성장할 수 있도록 도와주세요.

챕터북이 중요한 이유

단계별 리더스를 잘 읽어온 아이들은 이제 좀 더 많은 양의 글이 있는 책을 읽을 수 있게 됩니다. 영미 소설로 진입하기 전 초등 저학년에서 고학년 때 읽을 수 있는 책이 바로 챕터북Chapter Book입니다. 챕터북은 단어 그대로 장Chapter으로 구분되어 쓰인 이야기Story 책입니다. 어린이 독자를 위한 책으로 각 장의 호흡은 일반 소설에 비해서는 짧은 편이고 중간중간 삽화가 있는 것이 특징입니다.

챕터북을 통해 아이들은 간접 경험을 쌓으며 영미 문화를 알아갑니다. 아이들의 흥미를 끌기 위해 다양한 소재를 바탕으로 시리즈로 만들어집니다. 따라서 시리즈의 첫 번째 책을 재미있게 읽은 아이들이라면 두 번째, 세 번째 책도 읽고 싶게 만드는 힘이 있습니다. 이것이 바로 독서가 주는 놀라운 선물입니다.

리더스를 성실히 읽어온 아이들이기에 챕터북도 자연스럽게 읽을 수 있을 것이라 엄마들은 기대합니다. 하지만 예상과 다르게 챕터북 읽기를 두려워하는 아이들도 많습니다. 리더스에 비해 늘어난 글의 양과 페이지 수가 부담스럽고 페이지의 절반을 차지하던 그림은 드물게 등장합니다. 게다가 원서 특유의 칙칙한 갱지로 만들어진 챕터북은 첫인상부터 어렵고 재미없을 것 같다는 느낌을 줍니다. 이러한 리더스와 챕터북 사이의 틈새를 줍히기 위해 새롭게 출시되고 있는 책들이 바로 쉬운 얼리 챕터북 시리즈입니다.

얼리 챕터북

얼리 챕터북Early Chapter Book은 미색 종이에 컬러풀하면서 다양한 삽화가 들어가고 비교적 글밥이 적다는 특징이 있습니다. 리더스처럼 그림이 많이 등장하고 글의 양이나 문장 수준은 리더스 4~5단계 정도입니다. 그래서 얼리 챕터북을 통해 아이들은 호흡이 긴 글 읽기에 비교적 쉽게 적응할 수 있습니다. 대표적인 얼리 챕터북으로는 스콜라스틱 출판사의 브랜치Branches 시리즈가 있습니다.

① 플라이 가이(AR 1점대): 15권

Hi! Fly Guy

테드 아놀드(Tedd Arnold) 작가의 유쾌한 플라이 가이 시리즈입니다.

버즈(Buzz)라는 소년과 파리가 만나 아름다운 우정이 시작됩니다. 인기 작가이자 일러스트레이터 테드 아놀드는 특유의 과장된 표현과 재치 있는 말장난, 익살스러운 그림을 사용하여 아이들의 마음을 사로잡습니다. 시리즈 중 《Hi, Fly Guy》는 가이젤 상을 받았습니다.

② 아울 다이어리(AR 2점대 후반~3점대): 17권

Owl Diaries_Eva's Treetop
Festival

뉴욕 타임스 베스트셀러로 스콜라스틱 초기 챕터북 라인 브랜치(Branches) 시리즈입니다. 쉬운 텍스트와 흥미로운 주제, 빠르게 진행되는 이야기, 사랑스러운 삽화는 읽기 자신감을 키우는 데 도움이 됩니다.

사랑스럽고 귀여운 동물 캐릭터로 우정 이야기를 좋아하는 여자아이들이 특히나 좋아하는 책입니다. 레베카 엘리엇(Rebecca Elliott)이 탄생시킨 사랑스러운 부엉이 에바(Eva)의 일기를 읽어 보세요.

③ 머시 왓슨(AR 2점대 후반~3점대 초): 6권

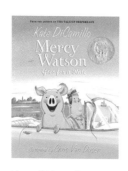

Mercy Watson_Goes for a
Ride

왓슨(Watson) 부부에게 머시(Mercy)는 평범한 돼지가 아닙니다. 뚱뚱하고 성격 좋은 머시는 의도치 않은 사고를 치며 웃음을 줍니다. 사랑스럽고 활기 넘치는 캐릭터인 머시를 만나보세요. 가정에서 키우는 애완동물이 있다면 더욱 깊이 공감할 수 있는 이야기입니다.

④ 드래곤 마스터스(AR 3점대): 25권

Dragon Masters_Rise of
the Earth Dragon

8살 소년 드레이크(Drake)는 어느 날 롤랜드 왕의 성으로 끌려갑니다. 이곳에 모인 아이들은 드래곤 마스터가 되기 위한 훈련을 합니다. 드레이크는 드래곤 마스터가 되는 데 필요한 자질이 있을까요? 드래곤이 가진 특별한 힘은 무엇일까요?

모험, 판타지, 용 등을 좋아하는 친구들에게 추천합니다.

⑤ 이어리 엘러멘트리(AR 3점대 중후반): 10권

Eerie Elementary_
The School is Alive!

박물관의 유물들이 신비한 석판의 힘으로 밤마다 살아난다는 〈박물관이 살아있다〉라는 영화를 기억하시나요? 이 책은 《학교가 살아있다》입니다.

샘(Sam)이 새롭게 홀 모니터로 일하게 된 첫날 으스스한 학교의 비밀을 알게 되는데요. 아이들이 매일 다니는 학교를 배경으로 펼쳐지는 흥미진진하고 다소 미스터리한 이야기랍니다.

만화 형식의 챕터북

양이 늘어난 챕터북으로 넘어가기 전 다리 역할을 해주는 만화 형식의 챕터북도 있습니다. 말풍선을 이용해 구어체 표현도 익힐 수 있고 짧은 글과 화려한 그림 덕분에 페이지도 술술 잘 넘어가죠. 대부분 유머러스한 장르로 챕터북을 읽으면서 머리 식히는 용도로 읽게 하는 것이 좋습니다. 마찬가지로 책으로 인기를 끈 이야기들은 TV 시리즈나 영화 등으로 재탄생하여 영상보기로 활용할 수 있습니다.

Captain Underpants

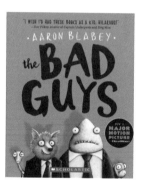
The Bad Guys

Dog Man

챕터북 읽기

책이 가진 힘은 무엇일까요? 책을 읽으며 나와 비슷한 또래의 주인공이 겪는 크고 작은 사건에 감정 이입이 되어 공감대를 만들고 이야기 속에서 그 시대의 생활과 문화, 역사, 과학 등의 배경지식도 자연스레 얻게 됩니다. 게다가 영어책이라니, 두 마리의 토끼를 잡는 셈입니다. 아이가 책을 펼치는 순간, 멋진 세상으로 빠져들게 되는 것입니다.

챕터북은 리더스에 비해 글의 양이 많아지며 동일한 주인공이 등장하는 시리즈로 만들어지는 게 특징입니다. 책 속의 개성 넘치는 캐릭터와 친숙해지고, 작가 특유의 문체와 익숙해지면서 좋아하는 시리즈, 작가의 책이 생겨나면서 책 읽기가 훨씬 편해지는 단계입니다. 각 시리즈의 첫 1~2권을 먼저 읽어보고 흥미를 가진다면 순차적으로 제공해 줍니다. AR 지수 또는 렉사일 지수를 참고해 난이도에 맞는 책을 읽도록 합니다.

① 매직 트리 하우스(AR 2점대 중반~3점대): **37권**(모험, 판타지, 역사)

매직 트리 하우스(Magic Tree House) 시리즈는 출간된 이후 전 세계의 모든 어린이에게 멋진 모험 이야기를 들려주는 베스트셀러입니다.

잭(Jack)과 애니(Annie)는 마당에서 나무 위 트리 하우스를 발견합니다. 그 안에서 만난 마법사 멀린(Merlin)을 도와 위기에 빠진 책을 구하기 위해 낯선 장소로 시간여행을 떠나게 됩니다. 역사적 배경지식을 쌓을 수 있어 현지 학교에서도 권장 도서로 읽히고 있습니다.

• 관련 시리즈: 마법사 멀린 시리즈(Magic Tree House Merlin Missions)

• 홈페이지: www.magictreehouse.com

② 아서 챕터북(AR 3점대 초~중반): 18권(일상, 학교, 친구, 우정)

리더스북, 영화, TV 시리즈로도 만날 수 있는 아서와 친구들 이야기입니다. 주인공 아서를 중심으로 학교와 가정에서 일어나는 작은 사건들 속에서 우리 주변에서 꼭 있을 법한 캐릭터들을 만날 수 있습니다. 이러한 이야기는 아이들에게 자연스럽게 공감대를 불러일으킵니다. 생일파티, 학교 이벤트, 크리스마스 등 외국 문화에 대한 간접 경험도 쌓을 수 있어서 추천하는 시리즈입니다.

③ 나무집 시리즈(AR 3점대 중반~4점대 중반): 12권(재미, 유머)

앤디(Andy)와 테리(Terry)는 나무집에 살고 있습니다. 하지만 그 나무집은 세상에서 가장 놀라운 장소입니다.

13층 나무집에는 볼링장, 투명 수영장, 비밀 지하 실험실, 배고플 때마다 자동으로 마시멜로를 입에 넣어주는 마시멜로 기계가 있습니다. 기발한 상상력으로 아이들에게 큰 재미와 호기심을 주는 책입니다.

④ Who was/ Who is 시리즈(AR 4점대~6점대): 213권(인물, 위인)

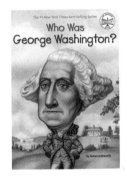

후 워즈/이즈(Who was/is) 시리즈는 펭귄 북스(Penguin Books)에서 출판한 아동 논픽션 시리즈입니다.

이 책은 역사를 만들고 이끈 위인들의 이야기로 시대적 배경과 문화, 역사적 중요한 사건에 대한 이야기를 들려줍니다. 영웅, 역사, 세계사 등에 관심이 많은 아이들에게 좋은 책입니다. 난이도가 다양하므로 미리 내용을 살펴보고 선택하세요.

⑤ A to Z Mysteries(AR 3점대 중반~4점대 초반): 26권(미스터리, 추리)

시리즈 제목이 A부터 시작한다는 점이 흥미롭습니다. 이러한 이유로 Z의 사건까지 끝까지 읽어내려는 의지를 불러일으키는 책이기도 합니다. 추리 소설의 특징인 사건 발생, 원인과 결과, 문제 해결 순으로 내용이 구성되어 있어요. 추리물, 미스터리를 좋아하는 친구들에게 추천합니다.

- 캘린더 미스터리 Calendar Mysteries
- 캐피털 미스터리 Capital Mysteries

⑥ 네이트 더 그레이트[AR 2점대~3점대 초반]: **29권**(추리, 모험)

자칭 세계 최고의 탐정 네이트 더 그레이트(Nate the Great)와 함께 다양한 사건의 수수께끼를 풀어 보세요. 네이트는 탐정답게 항상 프렌치 코트에 노트와 펜을 가지고 사건 현장에 나타납니다. 하나씩 단서를 따라가며 결국 사건을 해결하게 되는 이야기로 탐정, 추리물을 좋아하는 아이들에게 추천합니다.

책의 후반으로 갈수록 난이도가 조금씩 높아지니 내용을 보고 책을 골라주세요.

⑦ 아이비랑 빈이 만났을 때[AR 3점대]: **12권**(성장, 우정, 자아)

빈과 아이비는 서로를 본 순간 친구가 될 수 없다고 생각했습니다. 표지에서도 둘이 얼마나 다른지를 알 수 있습니다. 하지만 정반대의 성격을 가진 여덟 살 두 아이는 누구보다도 친한 친구가 됩니다.

유쾌한 사건들 속에서 함께 성장해 나가는 이야기로 활기찬 캐릭터와 책 속의 유머는 계속 책을 읽게 만듭니다. 넷플릭스에서 영상으로도 만날 수 있습니다.

엉뚱한 가정부 아멜리아가 등장하는 그림책 아시나요? 캐릭터의 인기에 힘입어 이 역시 리더스와 챕터북으로 만들어졌습니다.

챕터북에서도 엉뚱하고 사랑스런 소녀 아멜리아를 만날 수 있습니다. 어이없는 상황들 속에서 재미있는 말장난과 오해로 사건 사고가 끊이질 않습니다. 아기자기한 그림들을 보는 재미도 있답니다.

기타 추천 챕터북 시리즈로는 각각의 사고와 재난 현장 속에서 살아남기 위한 《I Survived》, 장난꾸러기 소년 《Horrid Henry》, 납작해진 소년의 모험 이야기 《Flat Stanley》, 사랑스럽고 귀여운 주니Junie의 일상 이야기를 담은 《Junie B. Jones》, 학교에서 벌어지는 다양한 사건, 유머러스한 친구들과 선생님이 등장하는 《My Weird School》 등이 있습니다.

오디오북 챕터북

아이에 따라 조금 차이가 있겠지만 단계별 리더스를 잘 읽어왔기 때문에 챕터북을 쉽게 읽을 거로 생각합니다. 하지만 기대와는 다르게 챕터북을 보자마자 '이걸 제가 어떻게 읽어요?' 하며 겁을 내는 아이들이 있습니다. 리더스에 비해 늘어난 글의 양과 페이지 수가 부담스럽고 그림은 찾아보기가 힘들며 원서 특유의 갱지로 만들어진 챕터북이 첫인상부터 어렵고 재미없을 것 같다는 느낌을 주기 때문입니다.

이럴 때 도움을 받을 수 있는 것이 리더스 단계에서도 활용했던 '오디오북을 통한 듣기'입니다. 대부분 우리가 고른 챕터북은 이미 다른 아이들과 부모님을 통해 충분히 검증된 재미있는 책입니다. 전문가에 의해 만들어진 CD나 오디오북은 성우의 실감 나는 연기와 함께 정확한 발음, 효과음, 읽기 속도 등의 면에서 아이의 귀를 사로잡는 데 훨씬 효과적입니다. 유튜브나 구글 검색을 통해서 무료로 제공되는 오디오북을 활용해보세요.

긴 호흡의 챕터북을 읽어 나가는 일은 초반 20퍼센트를 견뎌내는 게 관건입니다. 이제 막 챕터북을 시작한 아이라면 엄마가 조금 더 손을 잡고 이끌어줄 필요가 있습니다.

매일 일정 시간 오디오북을 활용해 챕터북 읽기를 약속합니다. 그 시간만큼은 당분간 엄마도 아이 곁에 있어 주세요. 함께 들을 때는 오디오북을 재생시키고 아이와 같이 눈으로 읽어 나가면 됩니다. 아이가 소리에 맞추어 페이지를 넘기고 있다면 집중해서 잘 듣고 있는 것입니다.

챕터북을 얼마나 읽어야 할까?

영어 원서 읽기 과정에서 챕터북 읽기부터 아이 주도의 엄마표 영어로 돌아서는 전환점이 됩니다. 엄마의 역할은 그저 아이를 잘 관찰하면서 책 읽기에 대한 흥미가 떨어지지 않도록 책을 찾아보고 함께 골라주는 것으로 충분합니다. 우리 아이는 이제 읽기 독립 후 영어 독서의 세계로 들어가는 과정에 있습니다. 이때부터는 리더스를 읽을 때보다 조금 더 유연하게 리딩 레벨을 높여 나갈 수 있습니다.

리더스 때와 마찬가지로 아이가 읽고 싶어 하는 책을 공급해 줍니다. 책에 대한 흥미를 잃지 않도록 비슷한 레벨의 책을 천천히 폭넓게 읽혀 나가는 방법으로 진행합니다. 그렇게 하다 보면 어느 순간 오디오북의 힘을 빌려 책을 읽던 아이가 듣는 속도에 답답함을 느끼며 혼자 눈으로 쓱쓱 읽어 나가게 됩니다. 이런 순간이 오기까지 얼마나 걸릴까에 대한 정답은 사실 없습니다. 그저 아이의 속도를 따라 즐거운 책 읽기가 되도록 공감하고 응원해주세요.

챕터북 학습적 활용법

리더스까지는 엄마가 개입하는 영역이 크기 때문에 아이의 영어 수준이 어느 정도인지 판단을 내리는 게 가능합니다. 그런데 챕터북부터는 아이 주도성이 강해지기 때문에 아이의 성과를 짐작하기가 쉽지는 않습니다. 아이가 책을 잘 읽고 있는지, 내용 이해를 제대로 하고 있는지, 이 책이 아이의 영어 실력에 도움이 되고 있는지 확인하고 싶은 마음이 들 수 있습니다. 이번에는 챕터북을 학습적으로 활용할 수 있는 다양한 방법에 대해 알려드리겠습니다.

어휘력 키우기: 나만의 단어 노트 만들기

챕터북 읽기를 통해 아이의 어휘 실력을 끌어올리고 싶다면 단어 정리 노트를 만들어보세요. 도움이 되는 방법입니다. 한 챕터를 들으면서 모르는 단어와 표현에 밑줄을 긋거나 동그라미를 칩니다. 노트를 펴고 한 줄에 하나씩 옮겨 적습니다. 단어가 들어간 문장 전체를 써보는 것도 좋습니다. 사전을 찾아보며 문맥상 맞는 뜻을 골라 적습니다. 이때 단어의 품사도 확인하고 동사일 경우 형태 변화도 함께 적어둡니다. 다음날 읽기를 시작하기 전에 전날 정리한 단어를 소리 내어 쭉 읽어 봅니다. 이 방법은 어휘 학습에 효과적이나 혼자서는 오래 지속하기 힘듭니다. 그러므로 엄마가 어휘 실력을 높이고 싶을 때 아이를 도와 함께 해주시길 바랍니다. 각 시리즈의 1, 2권을 이런 방식으로 진행하면 뒷부분 이야기를 읽어나갈 때 많은 도움이 됩니다.

단어 노트 만들기

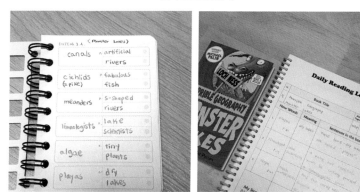

또 다른 방법으로 챕터북 단어장을 구매하여 활용해도 좋습니다. 해당 챕터를 읽기 전에 정리된 단어장을 보고 소리 내어 읽으며 의미를 이해합니다. 모든 단어를 기억하려고 애쓰지 않아도 됩니다. 책을 다 읽고 나면 몰랐던 단어가 자연스럽게 기억될 수도 있고 또 다른 책을 통해서도 접할 기회가 있습니다. 어휘는 별도의 단어 학습법과 다독을 병행하면서 자연스럽게 향상시켜주세요.

Charlie and the
Chocolate Factory 단어장

원서를 좀 더 쉽게 읽을 수 있도록 챕터별로 단어와 예문이 정리되어 있습니다. 챕터별 이해도를 확인할 수 있는 독서 퀴즈도 포함되어 있어 원서 읽기를 학습적으로 활용할 때 도움이 됩니다.

쓰기와 말하기 실력 키우기

① 필사(베껴 쓰기)

필사는 느리지만 확실한 효과를 주는 방법입니다. 책을 읽으며 기억하고 싶은 문장이나 주제문을 필사하면서 쓰기 실력을 향상시킬 수 있습니다. 가벼운 마음으로 그날 읽었던 부분 중에서 제일 재미있었던 장면의 한 단락, 또는 쓰고 싶은 한 단락, 기억해 두고 싶은 문장 등을 골라 쓰게 합니다. 챕터북 한 페이지는 5분 정도면 따라 쓸 수 있는 양입니다.

여기에 독해력을 키워보고 싶다면 옮겨 적은 문장을 우리말로 바꿔 쓰기도 해보세요. 네이버 파파고papago.naver.com, 구글 번역기, ChatGPT를 통해 맞았는지 확인해볼 수 있습니다. 또는 한글 번역본 도서를 참고해 비교해봐도 좋습니다.

② 리딩 로그 작성하기

책 한 권을 다 읽었다면 간단히 책의 제목, 작가, 한 줄 감상평 등을 쓰는 리딩 로그Reading Log를 작성하게 해보세요. 문법적인 오류 체크에 대한 부담은 갖지 않으셔도 됩니다. 이 또한 아이 스스로 차차 교정해 나가게 됩니다. 영어 쓰기가 어렵다고 하면 우리말로 써도 좋습니다. 아이가 책을 얼마나 이해하며 읽었는지 확인할 수 있습니다. 감상문의 형식도 자유롭게 선택할 수 있도록 해주세요. 다만 감상문은 공책의 3분의 1 정도를 채울 수 있도록 쓰는 양을 정해주세요. 아래는 다양한 리딩 로그 양식을 내려받을 수 있는 사이트입니다(templatelab.com/reading-log).

리딩 로그 양식

BOOK READING LOG

START	END	BOOK NAME	AUTHOR	RATING
				☆☆☆☆☆
				☆☆☆☆☆
				☆☆☆☆☆
				☆☆☆☆☆
				☆☆☆☆☆

③ 워크시트 활용하기

구글에 〈책 제목+worksheets〉 이렇게 검색만 해도 무료로 내려받아 활용할 수 있는 자료가 넘쳐납니다. 아이의 나이와 영어 수준 등을 고려해서 활용해보세요. 시간이 날 때 미리 찾아서 모아두면 필요할 때 요긴하게 활용할 수 있습니다.

대표로 20세기 최고의 이야기꾼 중 한 사람으로 평가받는 로알드 달Roald Dahl 작가의 홈페이지를 방문하면 교사용 자료Teacher Resoures 코너에서 도서별 레슨 플랜과 워크시트를 다운받아 사용할 수 있습니다(www.roalddahl.com/teach).

④ 그래픽 오거나이저 활용하기

그래픽 오거나이저Graphic Organizer는 개념과 지식, 정보를 시각적인 체계로 구조화해서 한눈에 보기 좋게 정리하는 틀입니다. 글의 종류에 따라 적절한 그래픽 오거나이저를 선택해보세요. 글을 구조를 파악해 쉽게 이해할 수 있고, 글쓰기에도 적용하기 쉽습니다.

그래픽 오거나이저는 크게 3종류로 구분할 수 있습니다. 마인드맵처럼 한 가지 주제에서 다양한 아이디어를 산출하는 방식, 벤다이어그램처럼 비교 대조 글을 분석하는 방식, 연대기처럼 연속적인 사건을 시각적으로

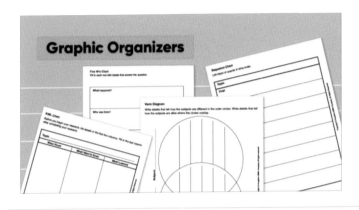

표현하는 방식으로 나눌 수 있습니다.

다음은 출력할 수 있는 그래픽 오거나이저 모음 사이트입니다. 아이들의 읽기 실력과 글쓰기 실력 향상에 도움이 됩니다.

⑤ 녹음과 프리젠테이션(PPT)

책 읽기가 인풋Input이라면 말하기는 아웃풋Output입니다. 아이에게 영어로 말할 기회를 만들어주세요. 화상영어 프로그램 등을 이용해 원어민 선생님과 대화할 기회를 주는 것도 좋고 스스로 영어책 읽기를 녹음하는 방법도 좋습니다. 또한 책을 완독한 후에 발표 시간을 가져보는 건 어떨까요? '제목-주인공-줄거리-감상' 등으로 4~5페이지 정도의 프리젠테이션을 만들어 가족 앞에서 발표하도록 합니다. 이는 중학교 수행평가 때에도 큰 도움이 될 수 있습니다. 캔바www.canva.com나 미리캔버스www.miricanvas.

com 사이트에서 제공하는 무료 서식을 이용하면 손쉽게 프리젠테이션 문서를 만들 수 있습니다.

배경지식 쌓아주는 영어신문

아이들은 세상에 대한 호기심이 많아서 새로운 배경지식을 알려주는 신문 속 이야기를 무척 좋아합니다. 가정에서 〈내셔널 지오그래픽 키즈kids. nationalgeographic.com〉나 〈키즈 타임즈www.kidstimes.net〉 같은 영어신문 등을 구독해서 아이들의 지적 호기심과 논픽션 영역의 영어 읽기를 동시에 충족시켜주세요. 요즘 영어신문은 음성 펜과 QR코드 제공으로 음원도 쉽게 구할 수 있습니다. 'EBSe' 사이트의 영어신문 게시판, 여러 영어신문 웹사이트를 활용해 흥미로운 기삿거리를 언제든 구할 수 있습니다.

EBS English 영자신문
중학생들이 반드시 알아야 할 최신 시사 상식으로 구성된 주간 교육용 영어신문

Time for Kids 타임 포 키즈
나이에 맞는 다양한 기삿거리를 음원과 함께 제공. 수준별로 선택하여 읽을 수 있음

영어신문 읽기는 엄마와 함께 일주일에 한 번 정도 실천해보기를 권합니다. 또는 긴 방학 동안의 특별 학습으로 진행합니다. 기사를 하나 선택해 음원을 들어보고 따라 읽기를 합니다. 단어를 찾아보고, 해석해보면서 우리말 번역과 비교해봅니다. 무엇보다도 함께 나누는 대화 주제로 활용해보는 것이 좋습니다. 꾸준히 이어지는 영어신문 읽기의 힘은 수능까지도 거뜬히 커버할 수 있을 정도로 다양한 어휘와 문장구조, 글의 형식을 익히는 데 도움이 됩니다. 또한 시사 상식 등을 풍부하게 제공하여 배경지식을 쌓을 수 있는 논픽션의 대표 주자입니다.

영어 소설 읽기가 중요한 이유

챕터북에 이어 영어 소설로 읽기 단계를 높여볼까요? 영어 소설은 읽기 재미에 푹 빠지는 경험은 물론 영미권의 문화를 알아가는 가장 좋은 방법입니다. 챕터북에 비해 소설은 인물의 구조나 전체적인 줄거리가 복잡할 수 있습니다. 따라서 특히 초등 고학년 이상 친구들부터 재미있게 읽을 수 있습니다.

영어 시작 초기부터 아이들은 오디오 음원 또한 적절히 활용해 왔을 것입니다. 아이마다 다르기는 하지만, 영어 소설을 읽는 단계에서도 음원을 들으며 읽기를 좋아하는 아이도 있습니다. 소리와 함께 읽기를 하는 것은 책이 두꺼운 경우에 아이의 심적인 부담감을 덜어줍니다. 아이가 문자를 보지 않고 소리 듣기로만 활용해도 좋습니다. 편안하게 소리를 들으며 소설의 분위기와 이야기를 머릿속으로 상상하며 구조를 만들어보게 합니다. 익숙하거나 재미있는 소설을 소리로 들을 수도 있고, 처음 접하는 소설을 소리로 들을 수도 있습니다. 소리 없이 텍스트만 묵독으로 읽어도 무방합니다. 어떤 방법이든 아이가 선호하는 편을 지지해 주세요.

어떤 소설을 읽어야 할까?

우리 아이가 관심을 가지는 분야가 있을 겁니다. 영어소설까지 진행해 왔다는 것은 꾸준하게 영어책을 접해 왔다는 것이고, 영어 레벨이 일정 수준 이상일 것입니다. 그리고 자신이 좋아하는 소설 취향이 있을 수 있지요. 아이에게 좋아하는 분야의 책을 마음껏 읽을 기회를 주셔도 좋습니다. 편독이 아니라 좋아하는 분야를 더 깊게 탐독하고 확장하는 시간입니다. 한 분야를 몰입해서 읽은 경험은 다른 분야로의 관심과 지적 호기심을 넓혀 나갈 수 있어서, 다양한 분야의 책 읽기를 하지 않는다고 해서 걱정할 필요는 없습니다. 오히려 그 시점에 아이가 재미있게 읽을 만한 책을 함께 검색하고 찾아보세요. 아이의 깊이 있는 책 읽기를 도와주고, 그동안 알지 못했던 재미있는 시리즈나 단편으로 된 영어소설을 찾는 계기가 될 수 있습니다.

① 그래픽 노블

영어 읽기 수준은 아직 높지 않지만, 인지 수준은 높은 초등 고학년 이상, 중학생 이상에게는 그래픽 노블Graphic Novel 읽기를 추천합니다. 다양한 주제를 다루고 있는 그래픽 노블로 읽기에 재미를 붙여줄 수 있기 때문입니다. 챕터북보다 내용은 수준이 있지만, 글의 난이도는 낮은 편이라 영어 읽기가 익숙하지 않은 아이들도 내용에 빠져 읽을 수 있습니다.

대표적 만화형 소설의 예

Smile

Amulet: The
Stonekeeper

Diary of a Wimpy
Kid

Roller Girl

② 뉴베리 수상작

미국의 아동 문학상을 받은 뉴베리 수상작을 읽어 보는 것도 좋습니다. 뉴베리상Newbery Medal은 해마다 가장 뛰어난 아동 도서를 쓴 사람에게 주는 상으로 아동 도서 계의 노벨상이라 불립니다. 미국 아르아르보커 출판사의 프레데릭 G. 멜처가 제정했으며, 아동용 도서를 처음 쓴 18세기 영국의 출판인 존 뉴베리John Newbery의 이름을 따서 지었습니다. 1922년부터

뉴베리 수상작

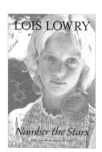

Number the Stars

Holes

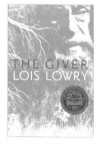

The Giver

A Single Shard

처음으로 시상되었고 한스 크리스티안 안데르센 상과 더불어 최고의 아동 문학상으로 꼽히고 있습니다.

다음 사이트에서 뉴베리 수상작 리스트를 볼 수 있습니다. 우리 아이의 관심사, 수준에 맞는 책을 골라 읽도록 해주세요.

The Public Library: 뉴베리 수상작 리스트

YES24: 뉴베리 수상작_원서로 읽는 뉴베리

알라딘: 반드시 읽어야 하는 뉴베리 수상작

웬디북: 수상작/추천_뉴베리 수상작

간혹 뉴베리 수상작을 원서로 읽고 싶은데, 원서가 어려워 번역서를 먼저 읽거나 병행하는 때도 있습니다. 이런 경우 원서와 번역서의 제목이 다른 경우 검색하는 데 시간이 제법 걸립니다. 대표적인 원서와 번역서 제목을 정리했으니 책 선택 시 참고하세요.

원서와 번역서 제목 비교 예시

원서 제목	번역서 제목
The Last Cuentista(2022)	마지막 이야기 전달자
Red, White, and Whole(2022)	빨강, 하양, 그리고 완전한 하나
Scary Stories for Young Foxes(2020)	어린 여우를 위한 무서운 이야기
We Dream of Space(2021)	우리는 우주를 꿈꾼다
A Wish in the Dark(2021)	어둠을 걷는 아이들
When You Trap a Tiger(2021)	호랑이를 덫에 가두면
New Kid(2020)	뉴 키드
Merci Suarez Changes Gears(2019)	머시 수아레스, 기어를 바꾸다
Hello, Universe(2018)	안녕, 우주
The Girl Who Drank the Moon(2017)	달빛 마신 소녀
The Inquisitor's Tale: Or, The Three Magical Children and Their Holy Dog(2017)	이야기 수집가와 비밀의 아이들
Bomb: The Race to Build—And Steal—The World's Most Dangerous Weapon(2013)	원자폭탄
The One and Only Ivan(2013)	세상에 단 하나뿐인 아이반
Hatchet(2007)	손도끼
A Single Shard(2002)	사금파리 한 조각
Holes(1999)	구덩이
The Great Gilly Hopkins(1979)	위풍당당 질리 홉킨스
Jennifer, Hecate, Macbeth, William McKinley, and Me, Elizabeth(1968)	내 친구가 마녀래요
The Family Under the Bridge(1959)	떠돌이 할아버지와 집 없는 아이들
The Hundred Dresses(1945)	내겐 드레스 백 벌이 있어

※ 책 제목 옆의 연도는 뉴베리 수상 연도입니다.

뉴베리 수상작의 경우 아동문학상의 꽃이라 불리며 작품의 우수성을 검증받은 책입니다. 하지만 우리나라 독자가 읽기에 어려운 경우가 많습니다. 작가에 대한 이해, 책의 배경적 지식 등이 함께 선행되어야 제대로 읽기가 가능합니다. 뉴베리 수상작은 주인공이 역경을 이겨내는 과정을 담고 있어 성장기 청소년에게 도움이 됩니다. 하지만 어릴 때는 이해하기 어려운 이별, 죽음, 따돌림, 동성애 등의 주제인 경우는 너무 어린아이들에게 맞지 않습니다. 단순히 읽기 수준에 맞추어 책을 추천하지 말고 내용을 꼭 확인한 후 권해주시면 좋겠습니다. 영어소설의 내용은 온라인 서점의 설명 등을 읽으며 확인할 수 있습니다.

뉴베리 소설의 어휘의 경우는 구글 검색을 하여 단어장을 찾아 읽기를 도와주실 수 있습니다(책 제목+Vocabulary). 롱테일북스 출판사의 뉴베리 컬렉션 도서를 구매하면 간단한 저자 및 배경 소개로 책에 친숙해지고, 어휘 및 이해도 확인 문제까지 풀 수도 있으니 추천합니다.

롱테일북스 뉴베리 컬렉션 시리즈

원서의 판형을 수정하여 가독성을 극대화했습니다. 영어 원서, 워크북, 오디오북의 세 가지로 구성됩니다. 함께 제공하고 있는 워크북을 통해 어휘를 정리할 수 있습니다. 챕터별 이해력 점검 퀴즈를 풀어보며 이해력을 점검할 수 있습니다.

Sarah, Plain and Tall

③ 영화가 된 영어 소설 리스트

원작 소설에 기반을 둔 영화도 많이 있습니다. 이런 경우 영어 소설 읽기가 더욱 재미있어집니다. 영화를 보기 전에 책을 읽어도 좋고, 책 수준이 있는 경우 영화를 먼저 보고 소설을 읽을 수도 있습니다. 아이가 원하는 대로 하면 됩니다. 영어 소설과 영화 리스트를 참고하세요.

영어 원서	영화 포스터	소개
		• 원작: Because of Winn-Dixie • 작가: Kate Dicamillo • 북 레벨(AR): 3.9 • 수상: 2001년 뉴베리 명예상 • 주제: 동물, 자아, 성장, 우정 • 번역서: 내 친구 윈딕시 • 영화: Because of Winn-Dixie(2005)
		• 원작: Charlotte's Web • 작가: Kate Dicamillo • 북 레벨(AR): 4.4 • 수상: 1953년 뉴베리 명예상 • 주제: 동물, 고전, 자아, 성장, 우정 • 번역서: 샬롯의 거미줄 • 영화: Charlotte's Web(1973, 2006)

		• 원작: Ella Enchanted • 작가: Gail Carson Levine • 북 레벨(AR): 4.6 • 수상: 1998년 뉴베리 명예상 • 주제: 궁궐, 공주, 마법, 판타지, 상상, SF • 번역서: 마법에 걸린 엘라 • 영화: Ella Enchanted(2004)
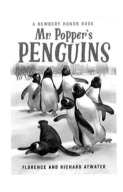	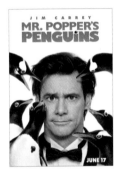	• 원작: Mr. Popper's Penguins • 작가: Florence and Richard Atwater • 북 레벨(AR): 5.6 • 수상: 1998년 뉴베리 명예상 • 주제: 가족, 동물, 유머, 자아, 성장, 우정 • 번역서: 파퍼 씨의 12마리 펭귄 • 영화: Mr. Popper's Penguins(2011)

분당 읽기 속도 WPM

영어의 읽기 유창성을 기르기 위해 언어를 이해하거나 말할 수 있는 속
도를 측정해볼 수 있습니다. 이때 사용하는 대표적인 척도로 WPM이나
WCPM을 사용합니다. WPMWords Per Minute은 분당 읽는 단어 수를 말합니

다. WCPM_{Words Correct Per Minute}은 읽기 속도뿐 아니라 1분당 정확하게 읽은 단어 수를 계산한 읽기 속도 지수를 말합니다. 영미권 기준 성인이 보통 책을 읽는 속도가 250~300WPM이고, 오디오북의 경우 150~200WPM 정도가 듣기 편한 속도라고 합니다. 어린이들이 읽는 챕터북의 경우에는 보통 80~120WPM이지만 이 수치는 미국 원어민 기준입니다. 참고로 매직 트리 하우스가 125WPM, 대학수학능력시험 듣기문제는 140WPM 내외, TOEFL 듣기 테스트 속도는 170WPM 내외입니다.

엄마표를 진행하면서 처음부터 읽기 속도를 염두에 두고 인위적으로 엄마표 환경을 만들 필요는 없습니다. 하지만 시간이 지나면서 두꺼운 책도 편안하게 읽기 진행이 될 무렵에는 자연스럽게 읽기 속도도 높아지게 됩니다. 읽기만이 아니라 그동안 지속해온 듣기가 서로 시너지를 만들어 낸 결과라고 볼 수 있습니다. 음원을 들으며 영어책 읽기를 한 것으로, 평소에 듣기 자료로 활용할 수도 있습니다. 자투리 시간이나 평소에 이미 알고 있는 내용의 책을 영어 소리로 들려줄 수도 있습니다. 이렇게 읽기와 소리가 결과적으로 원어민의 빠른 속도에 상당히 익숙해지면서 동시에 읽기에서도 갈수록 시너지가 나타나는 것이죠.

영어책 읽기를 할 때 아이들의 읽기 속도를 살펴보세요. 음원을 들으며 영어책 읽기를 진행한 아이들이 어느 순간 빨리 읽고 싶어서, 소리의 도움 없이 눈으로 읽기를 시작하는 시점이 있습니다. 원어민이 말하는 소리를 듣는 것보다, 눈으로 읽는 것이 영어책이나 지문을 더 빠르게 소화해 낸다는 의미입니다. 또한 음원을 들으면서 영어책 읽기를 하는 것도 듣기와 동시에 지문을 이해하는 능력이 있음을 의미합니다. 꾸준한 원서 읽기가 빛을 발하는 때입니다.

시험에서도 효과적인 읽기와 듣기

학교 시험이나 모의고사, 텝스나 토익, 토플 등 영어 실력을 평가하는 시험에서는 독해 지문을 제한된 시간 내에 읽고 문제를 풀어야 합니다. 지문을 읽어도 글만 읽었을 뿐 의미 파악이 되지 않는다면 제대로 된 리딩이라 볼 수 없습니다. 하지만 영어책 읽기를 지속해 온 아이들의 가장 큰 장점이 있습니다. 빠르고 정확한 읽기 속도가 기반이 되어, 글의 전체 문맥 파악은 물론이고 세부 내용 파악도 상당히 정확하다는 것입니다. 시험 영어에서도 자연스럽게 경쟁력을 확보하게 됩니다.

애니메이션이나 미국 드라마, 영화 등 장르를 가리지 않고 좋아하는 것에 집중하다 보면 영어 소리에도 자연스럽게 노출됩니다. 또한 원어민의 소리나 속도에도 익숙해집니다. 들으면서 이해할 수 있는 수준으로 영어 소리가 누적되면, 읽기를 할 때도 원어민의 평균 속도 이상으로 묵독이 진행되기도 합니다. 평소의 읽기와 듣기 루틴이 지속되어 장기적으로 영어 근육이 쌓이는 결과를 얻는 것입니다.

대학수학능력시험에서 영어의 예를 들어보겠습니다.
듣기 파트는 원어민의 음성을 듣고 문제를 푸는 시간이 25분 이내로 정해져 있습니다. 따라서 듣기를 제외한 독해에 대해서만 생각해 보겠습니다. 수능 독해영역에서 45분 중 10여 분은 답안 표시 및 마지막 점검 시

시험 영역	시험 시간 (소요 시간)	문항 수
영어	13:10~14:20 (70분)	45문항
듣기	13:10~ (25분 이내)	17문항
독해	45분	28문항

출처: www.suneung.re.kr

간이라고 가정하면, 남는 시간은 35분입니다. 난이도를 배제하고 단순하게 시간으로만 문제 푸는 것을 고려해 보겠습니다. 거의 한 문제를 1분여 정도의 시간 안에 지문을 읽고 문제에서 요구하는 것을 정확히 파악해야 합니다. 지문의 길이뿐만 아니라 다양한 영역에서 영어 문제가 출제되기에 주어진 시간 안에 문제를 정확히 해결해야 합니다. 시험을 위해 준비를 꾸준히 한 학생도, 원서 기반 엄마표 영어를 지속해 온 학생도 누구에게도 시험에 대한 부담감은 존재합니다. 하지만 평소에 영어책 읽기나 영상 기반으로 영어를 꾸준히 지속해온 학생들은 시험에서도 충분한 강점을 갖게 됩니다.

영어 성적에 도움되는 엄마표 영어

부모님이 현실적으로 관심을 두는 중, 고등학교의 시험이나 수능에서 그동안 원서를 읽었던 경험이나 읽기 능력이 어떻게 작용될까요? 고등학교에서 시험은 크게 중간고사, 기말고사 등 1년에 4번의 내신시험이 있고,

모의고사와 수능시험이 있습니다.

학교에서 보는 내신시험도 난이도가 꽤 있는 편입니다. 특히 영어에서도 시간의 압박을 느끼는 학생들이 많이 있는데, 이때 빠르고 정확한 리딩 속도는 영어에서 경쟁력을 만들어주는 기준이 되기도 합니다. 특히 내신이나 수능 등 모든 시험에서 시간 배분이 무엇보다 중요합니다. 보통 읽기 능력이 빠르지 않은 경우는 내신시험에서 나오는 지문조차 시간 내에 소화하기도 벅찰 때도 있습니다.

하지만 읽기 속도가 빠르다는 것은 지문을 읽고 이해하는 것은 물론, 검토할 수 있는 시간적 여유가 있을 정도로 속도와 정확성에서 우위가 있음을 의미합니다. 빠른 속도로 읽는다는 것이 단지 문자나 지문 읽기만을 뜻하지 않습니다. 그동안 원서를 읽어왔던 독해능력이 기반이 되어, 지문을 읽고 이해하는 능력과 문제 해결 능력까지 수반되는 것을 의미합니다.

다독, 정독, 속독의 선순환

영어책 읽기를 좋아하다 보면 다독으로 이어지고, 좋아하는 분야의 책 읽기인 정독으로 연결됩니다. 나아가 지문을 읽고 빠르게 이해하고 정보를 처리하는 속독의 세계로도 들어갑니다. 좋아하는 책을 충분히 즐기면서 읽고 다양한 책으로 이어지면서, 영어책 읽기가 다독, 정독, 속독으로 자연스러운 선순환이 이루어집니다.

다독Extensive Reading은 여러 다양한 종류의 책을 많이 읽는 독서 방법입니다. 대충 읽는 것이 아닙니다. 이야기의 흐름을 파악하고 책 읽는 힘을 키워주면서 이해 능력을 높여주는 역할을 합니다. 또한 다양한 책 읽기로 아이의 생각하는 영역과 관심 분야로 확장할 수 있도록 도와줍니다. 다독하는 시기에 마음껏 책을 탐험할 수 있도록 기회를 얻고 읽기 자신감을 키워나가도록 합니다.

정독Intensive Reading은 집중해서 자세히 읽는 것을 의미합니다. 책 읽기를 진행하며 아이 관심사가 어느 특정 영역으로 집중되기도 합니다. 관심 있는 분야나 취향이 정해지기도 하고, 이때 좋아하는 분야에서는 내용의 재미에 푹 빠지기도 합니다. 누구의 방해도 받지 않고 즐겁게 몰입하여 책 읽기를 진행합니다. 나아가 단어나 문장의 뜻을 자세히 파악하고 유추를 통해 읽기 전략이 자연스럽게 구사되기도 합니다. 글의 주제와 의미나 세부적인 내용의 요소나 정보를 파악하는 등, 독해 전략Reading Strategy을 키우는 요소로 활용됩니다.

영어책 읽기의 흥미가 다독으로 이어지고, 좋아하는 분야나 정보, 지식 분야의 책을 꼼꼼하게 읽으면서 정독으로 연결됩니다. 다독을 통해 형성된 사고력과 이해가 기반이 되어 독해력을 요구하는 지문까지 정독으로 확장됩니다. 수많이 입력된 영어 문장이 결국은 지문을 읽고 빠르게 이해하고 정보를 처리하는 속도까지도 높여주는 것입니다. 주제문이나 요약 능력, 세부 내용을 파악하는 능력 등, 리딩을 통해 자유로운 영어 활용 능력을 갖추게 됩니다.

음원을 의지해 들었던 책 읽기가 묵독으로 전환되면서 듣기능력이 읽기 능력의 속도를 높여주기도 합니다. 마찬가지로 책을 통해 긴 지문을 읽어냈던 경험의 영어 읽기 속도가 듣기의 이해로 연결됩니다. 읽기와 듣기가 서로 긍정적 영향을 미치는 것입니다. 재미있게 읽었던 영어책에서 단어의 확장이나 문장 활용, 주제문이나 내용 요약 등의 활동을 하지 않았음에도 리딩을 통해 자연스러운 영어 활용 능력을 갖추게 됩니다.

이처럼 영상 시청이나 음원 듣기와 영어책 리딩은 톱니바퀴처럼 밀접하게 연동되어 영어 실력을 높여줍니다. 어느 순간 다독과 정독의 경계를 뛰어넘어 아이가 좋아하는 방향으로 책읽기의 즐거움과 깊이를 더해갑니다.

인간은 자기 생각의 결과물이다.

생각하는 대로 되는 법이다.

Man is the result of his thoughts.

It works out as you think.

-마하트마 간디, 인도 정치인

4장

영어 학습법

다양한 방식으로 우리 아이들의 기본 영어 실력을 키워나갈 수 있습니다. 시중 영어 학습서를 활

용해서 촘촘하게 영어 실력을 채울 수 있도록 도와주세요. 아이들이 좋아하는 영상물을 똑똑하게

활용하는 노하우를 알아봅시다.

학습서 활용 방법

리더스, 챕터북과 함께 시중의 학습서를 병행해보세요. 자칫 놓치기 쉬운 부분을 보완해 줌으로써 충분한 학습 효과를 끌어낼 수 있습니다. 엄마가 관리하고 확인하기도 편해서 매일 스스로 공부하는 습관을 들이기에도 좋습니다. 학년과 영어 수준을 고려해 적합한 학습서를 골라주는 안목이 필요합니다.

리딩/어휘/문법 학습서 활용하기

영어책을 읽으면서 아이의 이해도가 궁금해질 때가 있습니다. 학교 영어를 생각하면 문제 풀이 능력도 필요하다고 느껴집니다. 이럴 때 효과적으로 활용이 가능한 도구가 리딩 학습서입니다. 지문의 내용도 다양하고 흥미로우며 문제 구성이나 추가 자료들을 제공해 주고 있어서 집에서 엄마가 충분히 지도할 수 있습니다.

시중 서점에서 학년별, 수준별로 구성된 어휘 학습서를 활용해 보세요.

원서 읽기를 하면서 자연스럽게 습득한 단어들 또는 단어 정리를 통해서 스스로 체득한 어휘들을 학습서를 통해서 한번 정리, 확인, 발전시키는 목적으로 사용할 수 있습니다.

문법은 '문장을 만드는 법'입니다. 문법을 잘 알고 있다면 읽고 이해하고 쓰고 말하는 데 도움이 됩니다. 또한 중학교 내신 시험을 위해서라도 꼭 한 번쯤은 거치고 가야 하는 과정입니다. 비슷한 수준의 쉬운 문법책을 한두 권 풀고 조금 더 심화된 문제집으로 넘어가며 진행합니다.

학습서 진행 순서

각종 학습서도 단계별 시리즈로 구성되어 나오는 경우가 많습니다. 한 시리즈를 선택하여 진행한다고 해서 우리 아이의 영어 레벨이 순차적으로 높아지는 것은 아닙니다. 원서를 읽힐 때와 마찬가지로 폭넓게 진행하시길 바랍니다. 예를 들면 A*list 출판사의 Word Reading 시리즈를 순서대로 진행하면서 비슷한 레벨의 브릭스 출판사의 리딩 시리즈, 또는 기타 리딩 문제집으로 폭넓게 학습하는 것이 좋습니다.

추천 학습서

리딩	• [A*List] Word Reading 시리즈, The Best Reading 시리즈 • Bricks Reading 시리즈 • Insight Link 시리즈 • Junior Reading Tutor 시리즈 • Reading Future 시리즈

단어/어휘	• 기적의 사이트워드 • 초등 영어 단어가 된다 시리즈 • 단어가 읽기다 • Essential English Words 시리즈
문법	• 쎄듀 초등코치 천일문 grammar 시리즈 • 초등영문법 3800시리즈 • 마더텅 초등영문법 777시리즈 • 혼공 초등영문법

리더스 단계 학습서 사용 예시

• Level 2(AR 1점대 후반) • ORT: 4–5 • I can read: 1단계 • Step into reading: 2단계	 Bricks Reading 60 시리즈	 100 Words for Kids to Read in First Grade	 초등영문법 3800제 시리즈

챕터북 단계 학습서 사용 예시

• AR 3~4점대 • 렉사일 550L~675L	 The Best! Reading 시리즈	 1000 Basic English Words 시리즈	 초등코치 천일문 Grammar 시리즈

출판사 레벨 테스트 활용하기

레벨에 맞는 학습서를 정확히 알고 싶다면 출판사 홈페이지에서 제공하는 레벨테스트를 이용해 보세요. 테스트 결과를 바탕으로 아이에게 적합한 학습서를 추천해 줍니다.

출판사 제공 레벨 테스트

사이트	이용 방법	QR코드
A*List 에이리스트	• 메인 화면 〈레벨 테스트〉 • 초등부터 중등까지 학년별 선택 • 25~30문항 / 영역별 문제 • 영역별 결과와 추천 교재 제공	
Bricks 브릭스	• 회원가입 후 사용 가능 • 영어학습 1~6년 차 이상 선택 • 20~30문항 • 브릭스 교재 추천	
CLASSBOX 웅진컴퍼스	• 회원가입 후 사용 가능 • 미국 학년 Grade 1~9까지 선택 • 영역별 다운로드 / 수정 가능 • Placement Test 제공	

영어 실력을 다지는 영상 노출

영상 노출은 영어 실력을 다져주는 역할을 합니다. 되도록 만 3세 이후 부모님과 영상을 함께 시청할 것을 추천합니다. 부모님과 상호작용을 하면서 영상의 재미를 알아갈 수 있습니다. 일정 시간대에 여유 있는 시청 시간을 유지하면서 아이가 올바른 시청 습관을 지닐 수 있도록 해주세요. 자극적인 영상보다는 정서적인 안정감을 줄 수 있는 영상을 추천합니다. 아이의 관심 분야에 이르기까지 마음껏 영상 선택의 폭을 넓혀 나가기 바랍니다.

영어 영상물의 장점

영상을 보는 것이 어떤 도움이 되고, 어떻게 영어 실력이 향상되는 걸까요. 영상 시청은 이미지와 움직임을 통해 시각적인 이해능력을 높여주고, 청각적으로 듣기능력을 높여줍니다. 영상을 보는 것은 지속해서 영어 소리를 흡수하는 과정입니다. 처음에는 모든 문장이 들리지는 않겠지만, 한 단어로부터 문장으로 점점 소리에 익숙해지게 됩니다. 한 번에 뜻이 파악되지 않더라도 반복을 통해 단어의 의미를 대체로 정확히 알아갑니다. 영상에 나왔던 단어가 영어책에서도 등장하고, 또 다른 영상물에서도 자연스러운 반복이 일어납니다.

꾸준히 영상을 시청하다 보면 문자를 아직 모르는데 영어 문장을 술술 말하기도 합니다. 그동안 소리를 들으면서 체득된 문장을 외워서 말하기로 표현하는 과정입니다. 아는 단어부터 말하기도 하고, 덩어리 단위로 들리는 부분을 말하기도 하고, 자연스럽게 외워진 문장을 입 밖으로 표현하기도 합니다.

처음에는 부모님과 함께 보면서 영어 영상에 관심을 두도록 도와주세요. 영상을 보면서 웃거나 반응을 해주면서 부모님도 함께하고 있다는 것을 느끼게 해주세요. 어느 정도 영상을 보는 것이 습관으로 잡히면, 이후에는 부모님 도움을 크게 받지 않아도 아이 스스로 시청할 수 있습니다.

영상물 선택 시 고려할 점

영상을 선택할 때 우선 고려할 것은 재미입니다. 영상물은 아이마다 좋아하는 분야가 다를 수 있습니다. 노래나 율동 위주의 영상을 좋아하는 아이도 있고, 애니메이션 위주로 영상을 좋아할 수도 있습니다. 긴장감 있고 판타지가 있는 영상물을 좋아하는 아이도 있습니다. 일상생활의 에피소드가 있는 드라마 형태의 영상을 좋아할 수도 있습니다. 아이의 성향과 기호를 파악해서 영상물을 선택해주세요.

영상을 선택할 때 아이의 발달 단계를 고려해주세요. 초기에는 노래나 율동이 있는 것이나, 정서적으로 안정을 주는 영상물에 집중하고, 그다음 애니메이션이나 디즈니 영화로 폭을 넓혀 나갈 수 있습니다.

온라인 동화 채널의 영상도 추천합니다. 온라인 채널은 단계별, 주제별로 분류되어 있어 아이의 수준에 맞는 영상 선택이 쉽습니다. 온라인 프로그램은 이야기에 재미를 느끼면 영어의 흥미를 유지하는 수단이 되기도 합니다. 유치, 초등 기간에 영어 기초를 든든하게 자리 잡게 하는 데 도움이 됩니다.

같은 영상을 반복해서 보지 않더라도, 다른 영상을 시청하면서 단어가 확장되고 듣기 수준이 향상되기도 합니다. 아이에게 충분한 여유를 주고 영상을 즐겁게 시청할 수 있도록 해주세요. 학습적인 것에 특별히 신경을 쓰지 않았음에도 아이의 영어 실력은 차곡차곡 쌓이게 됩니다.

영상물에 대한 대부분의 오해

영상 보는 시간을 낭비라고 생각하는 경우도 있습니다. 영상은 소리와 이미지의 입력을 통해 영어의 인풋을 쌓아가는 좋은 방법입니다. 아이들은 부모님이 생각하는 것 이상으로 영상을 즐기고 있을 수 있습니다. 부모님 생각에는 아이가 영상만 보고 있으면 아무것도 하지 않는다고 느끼거나, 학습적으로 뭐라도 해야 할 것 같다는 조바심이 들기도 합니다. 영상을 잘 보고 있다면 그냥 아이들이 편안한 마음으로 집중할 수 있도록 해주세요.

또한 아이가 제대로 영상을 이해하고 보는지 궁금하다고 고민을 털어놓기도 합니다. 아이들이 싫어한다면, 영상을 끝까지 시청하지도 않을 것이고 절대로 집중하지도 않을 겁니다. 잘 보고 있다는 것은 영상을 좋아하기에 가능한 일이기에 그대로 두셔도 충분합니다. 부모님은 계속 무엇인가 내용을 확인하고 싶겠지만 아이의 몰입 시간을 인정해주셔도 좋습니다.

영어책과 영상물과의 균형

영어책 읽기와 영상보기 시간을 각각 어느 정도의 비율로 맞춰야 할까요? 아이가 영어책도 잘 읽고, 영상도 잘 보면 좋겠지만 동시에 균형을 맞추어 나가는 것은 쉽지 않을 수 있습니다. 적절한 비율이 있으면 좋겠지만 아이들의 영어를 받아들이는 시기나 성향이 다르기에 정확한 수치로 표현하기는 어렵습니다. 예를 들어, 책과 영상의 비율을 7:3으로 정해놓아도 실생활에서 과연 그대로 지키는 것은 힘들 수 있습니다. 미리 정해놓은 계획에 맞추려고 하기보다는 상황에 맞게 유연성을 발휘하셨으면 합니다. 어떤 날은 책을 보다가 영상을 아예 보지 않을 수도 있고요, 어떤 날은 영상에 꽂혀 영상만 계속 볼 수도 있어요. 책을 좋아하는 시기에는 책에 더 집중하면 되고, 책보다는 영상에 관심을 두는 시기에는 영상에 몰입할 수 있도록 여유시간을 확보해 주시는 겁니다. 장기적인 계획은 갖고 있으면서 세밀한 부분은 상황에 맞게 융통성을 가지고 진행하시면 됩니다.

영상 보는 것은 아이의 취향에 따라 중, 고등학교 때까지도 계속 유지하셔도 괜찮습니다. "학교 내신과 시험을 준비하고 집중해야 할 시간에 영상을 시청할 시간이 과연 있을까요?" "공부할 시간도 부족한데 어떻게 영상 보기가 가능한가요?" 중, 고등학생이라도 아이마다 자신만의 루틴을 가지고 있을 겁니다. 어떤 아이들은 영어학습 교재나 학원 수업 위주로 공부하는 아이도 있을 것이고, 스스로 공부하거나 인터넷 강의 등 다양한 방법으로 공부합니다. 또는 좋아하는 영상을 보며 영어를 유지하고 동시에 학업의 압박에서 잠시나마 벗어나기도 합니다. 휴식과 영어를 동시에 만나는 시간이 되기도 하고, 실력과 영어 감각을 유지해 주는 데 도움이 되기도 합니다.

영상 시청 시간

영상 보기는 하루에 어느 정도 시간이 적당할까요? 처음은 30분 전후의 에피소드가 있는 영상이나 한 시간 이내의 범위에서 선택합니다. 아이의 집중시간과 성향을 고려해 보고 판단하는 편이 좋을 것 같아요. 또는 한 편의 애니메이션이나 영화가 지속되는 시간 동안은 가급적 중간에 멈추지 않고 보여주셔도 좋습니다. 재미있는 영상을 보는데 중간에 그만 멈추라고 하면 누구든지 좋아할 리 없지요. 미국 드라마의 경우는 에피소드 몇 개를 연속으로 보면, 기본적으로 한 시간에서 두 시간 정도는 영상에 집중하게 됩니다. 영상 시청 시간이 길다고 걱정하실 수도 있을 텐데요. 시간적 여유가 있을 때는 집중할 수 있도록 허용해 주는 것도 방법입니다.

여러 가지 이유로 제한을 두면, 아이들이 흥미를 잃고 아예 영상을 보려고 하지 않을 수도 있을 겁니다. 나중에는 집중할 시간도 상대적으로 적을 수 있기에, 영상에 관심을 가질 때 마음껏 몰입할 수 있는 여유를 주셔도 좋습니다. 영상에 흠뻑 몰입하는 시기도 영원하지는 않아요. 영상만 본다고 너무 걱정하기보다는, 좋아하는 시기에 충분히 소리의 양을 쌓아가도록 합니다. 아이의 상황을 보며 탄력적으로 시간을 정해 나가면 됩니다.

추천 영상 목록

아이들의 반응과 영어학습에서 효과를 줄 수 있는 영상을 소개합니다.

알파블럭스(Alphablocks)
영국 BBC에서 만든 교육 영상. 귀엽고 개성 있는 알파벳 캐릭터 등장. 자연스럽게 알파벳의 모양과 기본 음가를 익힐 수 있도록 돕는다.

넘버블럭스(Numberblocks)

일상에서 만나는 숫자를 노래나 스토리를 통해 자연스럽게 인지할 수 있다.

씨비비스(CBeebies)

영국 BBC의 미취학 유아를 위한 채널. 음악, 스토리 등 다양한 프로그램을 만날 수 있다.

수퍼 심플 송(Super Simple Songs-Kids Songs)

동요나 너서리 라임(Nursery Rhymes) 등 노래와 챈트 등을 통해 영어 단어나 표현들을 익힐 수 있다.

마더구스 클럽(Mother Goose Club)

노래와 율동을 통해 편안한 영어환경을 만들어갈 수 있다.

마더구스 클럽 플레이하우스(Mother Goose Club Playhouse)
너서리 라임, 연극, 어린이들을 위한 놀이 등을 제공하는 채널

수퍼 와이(Super Why – WildBrain)
교육용 애니메이션. 우리에게 익숙한 명작 동화 등을 통해 아이들에게 리딩과 책의 즐거움을
알아가게 한다.

코코멜론(Cocomelon)
재미와 교육을 동시에. 노래를 통해 문자, 숫자, 컬러 등 아이들이 놀이하며 배울 수 있는 노래
가 가득하다.

페파 피그(Peppa Pig)
행복한 웃음이 있는 따뜻한 가족 이야기. 일상적인 소재로 아이들에게 올바른 생활습관을 알
려준다.

맥스 앤 루비(Max & Ruby – Official)

맥스와 루비 남매의 일상 속 에피소드를 통해 아이들의 눈높이에 맞는 생활영어를 알아간다.

까이유(Caillou – WildBrain)

까이유 가족과 친구 등 일상 속 에피소드 가득. 아이들 시선에서 하루가 새롭고 다양한 경험으로 가득하다.

리틀 베어(Little Bear – Official)

가족과 친구가 함께 일상에서 경험하는 에피소드로 구성된 따뜻함이 묻어난다.

베렌스타인 베어스(Berenstain Bears)

가족, 학교생활과 친구 등 다양한 에피소드로 영미권의 일상생활을 알아간다.

트리하우스 다이렉트(Treehouse Direct)
상상력이 넘치고 재미있는 스토리가 있는 애니메이션 채널이다.

토마스와 친구들(Thomas & Friends)
증기기관차인 토마스와 그의 친구들의 이야기를 다룬 애니메이션이다.

메이지 마우스(Maisy Mouse)
주인공인 귀여운 꼬마 생쥐와 친구들의 신나고 유쾌한 모험과 따뜻한 일상을 그려낸다.

닉 주니어(Nick Jr.)
니켈로디언에서 만든 어린이 채널이다. 재미와 교육이 결합된 프로그램이다.

세서미 스트리트(Sesame Street)

1969년 미국의 공영방송 PBS 산하 세서미 워크숍에서 제작된 이래, 전 세계에서 어린이 영어 교육용으로 가장 많이 활용되고 있는 프로그램 중 하나다.

아서(Arthur)

주인공 아서의 신나고 즐거운 학교생활과 일상생활을 통해 자연스럽게 영어 표현을 익힐 수 있다.

호리드 헨리(Horrid Henry)

상상력이 풍부하고 말썽꾸러기인 호리드 헨리와 친구들의 재미있는 에피소드가 가득하다.

큐리어스 조지(Curious George Official)

귀여운 원숭이 조지의 호기심과 상상력이 풍부한 스토리가 가득하다.

PBS KIDS

미국 PBS(Public Broadcasting Service 공영방송)에서 운영하는 어린이 프로그램으로 실사 및 교육용 애니매이션으로 이루어져 있다.

PJ Masks Official

호기심이 많고 정의감이 불타오르는 슈퍼 히어로즈, 파자마 삼총사의 대활약을 볼 수 있다.

마이 리틀 포니(My Little Pony)

캐릭터들의 우정과 모험, 마법 등 재미있는 요소가 아이들의 흥미를 사로잡는다.

키즈 TV(Kids TV–Nursery Rhymes And Baby Songs)

다양하고 인기 있는 너서리 라임으로 가득하다. 또한 유아를 위한 재미와 가족의 사랑, 생활습관 등을 알아가도록 한다.

키즈 TV(Kids TV and Stories)

페파 피그나 PJ Masks 등 다양한 종류의 스토리로 이루어진 영상이다.

밥 더 빌더(Bob the builder)

포크레인, 불도저 등 자동차와 중장비들이 의인화된 영상이다. 웃음과 재미는 물론 문제 해결 능력과 협동심, 우정 등 다양한 주제로 이루어진 애니메이션이다.

디즈니 주니어(Disney Junior)

미키마우스나 PJ마스크 등 아이들이 좋아하는 디즈니 만화 캐릭터가 가득하다.

제로니모 스틸턴(Geronimo Stilton English)

언론사를 운영하는 제로니모를 중심으로 펼쳐지는 이야기, 다양한 사건들을 하나씩 해결하는 재미와 모험이 가득한 애니메이션이다.

냇 지오 키즈(Nat Geo Kids)

The National Geographic Kids 공식 유튜브 채널. 생생한 영상을 통해 야생 동물이나 신기한 과학의 세계 등을 재미있게 탐험할 수 있다.

테드(TED)

TED(Technology, Entertainment, Design)는 미국의 비영리 재단에서 운영하는 강연회이다. '세상에 퍼뜨릴 만한 아이디어'라는 표어를 내걸고 다양하고 방대한 양의 지식과 경험을 공유한다.

테드 에드(TED-Ed)

테드 에듀케이션(Education)의 준말로, 교육적 내용이 담긴 애니메이션 형태로 구성되어 있다. 주로 짧은 영상으로 이루어져 있다.

CNN

미국의 24시간 케이블 뉴스 전문 채널이다.

아리랑 뉴스(Arirang News)

영어 전문 채널로 국내외 뉴스뿐만 아니라 실생활에 필요한 실용 정보를 제공한다.

넷플릭스(Netflix)

넷플릭스 키즈를 통해 다양한 영화나 시리즈물 등 재미있는 영상 콘텐츠를 볼 수 있다.

디즈니 플러스

디즈니, 픽사, 마블, 내셔널 지오 그래픽 등 다양한 콘텐츠를 제공한다.

실력 향상을 위한 레벨 테스트

엄마표 영어를 진행하다 보면 우리 아이 영어 실력에 관한 객관적인 테스트를 받고 싶을 때가 옵니다. 무료 레벨 테스트를 할 수 있는 사이트를 이용하여 아이의 수준을 점검해보세요.

EBSe 홈페이지 진단 테스트

영어 채널 EBSe 사이트(ebse.co.kr/apps/lvltest/intro.do)에서는 간단한 자가진단을 통해 아이의 영어 수준을 알 수 있습니다. 다음 표의 7개 항목 중 우리 아이의 실력과 가장 관련 있는 항목을 선택하면 맞춤형 레벨 테스트가 생성됩니다. 테스트는 듣기 15문제, 읽기 15문제로 구성되어 있고, 최대 60분의 시간이 소요됩니다. 테스트가 끝나면 EBS 자체 추천 콘텐츠가 제시되니 참고하세요.

- 영어 공부는 처음입니다.

- 영어 알파벳을 알고, 매우 기초적인 영어 단어(예: 색깔, 음식, 계절 등)나 구문(예: 오늘 날씨가 어때요?)을 이해할 수 있어요.

- 일상생활 속에서 가족이나 자기소개처럼 친숙한 주제에 관한 영어 문장을 이해하고 사용할 수 있어요.

- 경험, 교우관계, 여행 등 친숙한 주제에 관한 짧은 글이나 대화를 이해하고, 자신의 의견이나 감정을 쉬운 영어로 표현할 수 있어요.

- 개인 관심사 및 공부 관련 주제, 예를 들어 진로 문제나 전공 선택에 관한 글이나 대화를 이해하고, 자신의 의견이나 경험을 표현할 수 있어요.

- 정치, 경제, 글로벌 에티켓 등의 일반적인 주제의 글이나 대화를 이해하고, 자신의 의견을 적절하게 표현할 수 있어요.

- 인문학, 자연과학, 예술 분야와 같은 전문 주제나 추상적 주제의 글이나 대화를 이해하고, 자신의 의견을 명확하고 유창하게 표현할 수 있어요.

스스로 캠프 진단 테스트

학교에서는 새 학년이 되면 기초학력평가를 실시합니다. 이 시험을 통해 전년도 성취 기준을 잘 이수했는지 파악할 수 있습니다. 가정에서 아이의 기초학력 수준을 파악하고 싶다면 충남대학교 응용 교육 측정평가연구소에서 운영하는 스스로 캠프 사이트(http://plasedu.org/plas)를 이용해 보세요. 회원가입 후 사용이 가능합니다. 영어 과목은 초등학교 3학년부터 고등학교 1학년까지 학년별 진단 문항이 탑재되어 있습니다.

영어 인증 시험 사이트

초등학생이 볼 수 있는 영어 인증 시험을 정리했습니다. 시험을 준비하는 과정에서 집중력을 얻을 수 있습니다. 또한 시험을 통해 문제 푸는 요령, 영어에 대한 지식 및 객관적인 평가 시험을 통해 많은 것을 얻게 됩니다. 꾸준한 인증 시험 도전으로 실력 향상의 변화를 느껴보세요.

토셀	• 비영어권 국가 영어 사용자 대상 • 영어 구사 능력 측정 시험 • www.tosel.org	
토익 브릿지	• 토익을 처음 보는 사람이 쉽게 접근할 수 있도록 준비한 시험 • 초등 저학년 학생에게는 다소 부담스러울 수 있음 • www.toeicbridge.co.kr	
주니어 지텔프	• 실생활에 유용한 의사소통 능력에 초점을 맞춘 시험 • www.gtelpjr.co.kr	

PART

4

미래형
엄마표
영어 교육

변화하는 교육과정과 영어 교육

2022 개정 교육과정이 발표되었습니다. 해당 교육과정은 2024년 초등학교 1, 2학년 학생들을 시작으로 전 학년 확대까지 적용될 예정입니다. 이번 교육과정은 미래 인재를 키워나가겠다는 교육부의 의지가 담긴 변화들이 많습니다.

그중에서 영어는 1997년도에 초등학교 교과목에 도입된 이후 처음으로 교육 목표가 바뀌었습니다. 기존 우리나라 공교육에서 영어 교육 목표는 언어의 4대 기능(읽기, 쓰기, 말하기, 듣기)을 각각 잘 활용할 수 있는 학생을 기르는 것이었습니다. 그래서 영어 듣기 평가, 영어 독해 평가와 같은 시험을 치르거나 수행평가로는 서로 짝지어 말하기, 단문 만들기 등의 활동을 했습니다.

하지만 미디어와 기술의 발달로 이제 더 이상 언어의 각 기능이 독립적으로 존재하지 않는 세상이 되었습니다. 온라인으로 영어 선생님과 대화를 나누는 것은 말하기인가요, 아니면 듣기인가요? 외국인 친구들과 실시간 채팅으로 대화를 나누는 것은 쓰기인가요, 아니면 읽기인가요? 이러한 변화에 발 맞춰 새로운 교육과정에서는 언어의 4대 기능이 아닌 언

새로운 언어 교육 목표	
이해(Reception)	표현(Production)
• 듣기 • 읽기 • (신설) 보기(viewing) 　: 시청각 이미지가 포함된 '보기'	• 말하기 • 쓰기 • (신설) 제시하기(representing) 　: 발표 등의 활동이 포함된 제시하기

어의 사용 목적을 중심으로 교육 방향이 달라집니다.

새로운 교육 목표가 등장했다는 것은 가르치는 방법은 물론 테스트 방식도 달라진다는 것을 의미합니다. 디지털 교과서 도입으로 수업이 기성세대의 고정관념을 크게 넘어서는 모습으로 바뀌고, 영상물 등의 다양한 보조 교재를 자유롭게 사용할 수 있게 되면서 교육의 바뀐 목표는 힘을 받게 될 것으로 예상됩니다. 실제로 바뀐 교육과정에서 고등학생들은 〈실생활 영어회화〉, 〈미디어 영어〉, 〈영어 발표와 토론〉과 같은 영어 과목들을 배우게 됩니다. 예전과는 달리 영어 과목의 숫자가 많이 늘어나고 동시에 실용 영어 중심 과목들도 대거 신설됩니다. 이제 엄마표 영어를 하는 학부모님들은 엄마표 영어, 즉 실용 영어 능력 교육이 입시와 괴리가 있지 않을까 하는 걱정은 덜어도 좋습니다.

2022 개정 교육과정 고등학교 영어 과목

교과(군)	공통 과목	일반 선택	진로 선택	융합 선택
영어	공통 영어1 공통 영어2 기본 영어1 기본 영어2	영어 I 영어 II 영어 독해와 작문	영미 문학 읽기 영어 발표와 토론 심화 영어 심화 영어 독해와 작문, 직무 영어	실생활 영어 회화 미디어 영어 세계 문화와 영어

입시 영어를 가르는 핵심은 수능?

과거에는 수능이 입시의 중심 역할을 했습니다. 그래서 입시 영어의 최종 목표는 수능 영어 성적이라고 생각했었지요. 하지만 과연 지금도 그럴까요? 먼저 지금 치르는 수능의 형태를 알 필요가 있습니다. 현재 학생들이 보는 수능은 〈문·이과 통합형 수능〉으로 문과·이과의 계열 구분 없이 시험을 봅니다.

과목	국어	수학	영어	탐구(2과목)	한국사
성적 체제	상대평가	상대평가	절대평가	상대평가	절대평가
선택과목 유무	O	O	X	O	X

위 표는 현재 수능에서 학생들이 치르는 시험 과목과 각 과목의 성적 체계, 선택과목 유무를 표시한 것입니다. 모든 과목이 1등급부터 9등급까지 나오는 것은 같은데, 상대평가 과목은 특정 등수 안에 들어야 1등급이 나오고, 절대평가 과목은 특정 점수만 넘기면 1등급을 받을 수 있습니다. 이를 좀 더 자세히 알아볼까요.

수능 영어의 경우 전국 4% 안에 들어야 1등급을 받는 것이 아니라, 90점 이상을 받으면 1등급을 받습니다. 참고로 2023 대입 수능에서 영어 1등급 비율은 7.83%였으며 2등급은 18.67%였습니다. 상대평가와 비교하면 1등급에서 약 4%, 2등급에서 약 7% 정도 더 많은 아이들이 수월하게 상위 등급을 받은 것입니다. 그래서 대다수 주요 대학들은 수능 영어 점

9등급 상대평가	
~ 4%	1등급
~ 11%	2등급
~ 23%	3등급
~ 40%	4등급
~ 60%	5등급
~ 77%	6등급
~ 89%	7등급
~ 96%	8등급
~ 100%	9등급

9등급 절대평가		
영어	한국사	등급
90점 이상	40점 이상	1등급
80점 이상	35점 이상	2등급
70점 이상	30점 이상	3등급
60점 이상	25점 이상	4등급
50점 이상	20점 이상	5등급
40점 이상	15점 이상	6등급
30점 이상	10점 이상	7등급
20점 이상	5점 이상	8등급
20점 미만	5점 미만	9등급

수를 직접 합하여 총점을 만드는 식으로 활용하지 않습니다. 정시 전형에서 주요 대학들은 국어와 수학, 탐구 과목의 점수를 합친 다음, 영어 등급을 기준으로 가산점을 주거나 감점을 주는 식으로 활용합니다.

다음 표는 고려대학교의 2023 정시(수능) 선발인원을 어떻게 뽑을 것인가를 나타내는 것입니다. 표에 의하면 국어+수학+탐구를 학과별로 과목 가중치를 주어서 만점을 다르게 한 뒤에 변환된 점수를 모두 더해서 학생들의 '고려대식 점수'를 만듭니다. 이 총합계 점수에서 영어 점수는 감점

	국어	수학	탐구	총합
인문계 학과	200점	200점	160점	560점
자연계 학과	200점	240점	200점	640점

하는 방식을 적용합니다.

등급	1	2	3	4	5	6	7	8	9
감점	0	3	6	9	12	15	18	21	24

1등급을 받으면 감점이 0점, 2등급을 받으면 -3점, 3등급을 받으면 -6점입니다. 만약 우리 아이가 고려대학교 기계공학과가 목표라면 국수탐 총합이 640점 만점인 경쟁을 하게 되는데 3등급을 받으면 겨우 -6점을 받는 것에 그치니 전체 합의 1%에도 미치지 못하는 겁니다.

왜 수능 영어는 힘을 잃었나?

분명 영어는 국어와 수학처럼 주요 과목입니다. 하지만 어쩌다가 합계 점수에도 포함되지 못하고 가감제에 속하는 과목이 되었을까요? 이제 영어는 더 이상 입시에서는 중요하지 않은 과목이 된 것일까요?

수능에서 영어가 절대평가로 전환된 것은 2018년 대입부터입니다. 당시 우리나라에서 수능 영어에 대한 부담으로 인한 사교육비는 상상을 초월할 정도였습니다. 외국어인 영어의 특성상, 조기 유학이나 방학 캠프 등은 영어로 인한 사교육비 증가의 원인으로 지목되기도 했습니다.

그래서 잘못된 영어 선행과 지나친 과열을 막기 위해 수능 영어 절대평가라는 타개책이 필요했습니다. 실제로 수능 영어가 절대평가로 바뀌면서 강남을 비롯한 교육 특구에서는 저학년 학생들의 조기 유학과 방학 캠프가 급감한 것으로 밝혀지기도 했습니다.

하지만 교육부의 목적과 달리 대학들의 입장은 또 달랐습니다. 1점에도 합격과 불합격이 갈리는 수능 정시 전형에서 영어 1등급을 받은 학생들에게 모두 똑같은 점수를 주면 제대로 변별력을 가릴 수 없다는 위기감을 느낀 것입니다. 영어 1등급을 받은 학생들에게 모두 200점을 준다면, 실제로는 원 점수 100점을 맞은 학생도, 90점을 받은 학생도 모두 200점이 되니, 만점 받은 학생은 지나치게 손해를 보게 되니까요. (수능에서 10점의 원 점수 차이는 상위권 학생일수록 대학 라인이 완전히 달라집니다.)

여전히 굳건한 영어의 위상

수능에서 영어가 힘을 잃은 것은 명백한 사실입니다. 하지만 '입시'에서도 영어가 힘을 잃었을까요? 그렇지 않습니다. 서울대를 비롯한 많은 대학이 신입생을 선발하고 난 뒤, 자체적으로 영어 시험을 치른다는 사실, 알고 있나요? 대학들은 학생들의 영어 실력을 확인하는 것을 포기하지 않았습니다. 입시에서 영어는 계열 관계없이 중요한 학생 평가요소입니다.

대학 입시는 크게 수시와 정시로 나뉩니다. 정시는 수능 성적 위주로 학생들을 선발하고, 수시는 학생부 위주로 학생들을 뽑습니다. 수능에서 영어가 절대평가로 바뀌며 아이들의 정확한 실력을 가늠할 수 없게 되자, 대학들은 학생부 위주로 학생들을 평가하는 수시에서 학생들의 진짜 영어 실력을 파악하기 위해 애를 쓰고 있습니다.

많은 학생이 목표로 하는 주요 15개 상위 대학교의 신입생 선발 비율을 보면 정시가 약 40%로 가장 많고 그다음은 수시 종합전형입니다. 무려 36%에 육박합니다. 내신 성적이 가장 중요한 수시 교과 전형은 10퍼센트를 간신히 넘는 수준으로 주요 대학을 준비하는 학생들이라면 수시 모집에서는 학생부 종합전형을 빼놓을 수 없습니다. 단순 계산으로만 따져도 교과전형에 비해 무려 3배 이상의 신입생을 선발하는 전형이기 때문입니다.

문제는 이 학생부 종합전형은 학생들의 내신성적 외에도 다양한 학교 내 활동을 평가 자료로 삼는다는 점입니다. 고등학생들은 이 전형을 준비하기 위해 과목별 보고서를 쓰고, 프레젠테이션을 만들어 발표하고, 연극을 준비하고, 실험도 하며, 팀별 프로젝트를 진행하고, 글을 쓰고 영상을 만듭니다. 이렇게 학생들은 바쁜 고등학교 3년을 보내게 됩니다.

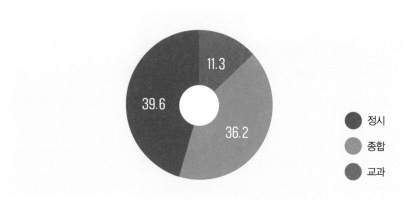

2022 대입 주요 15개 대학 신입생 선발 전형 비율

11.3

39.6

36.2

● 정시

● 종합

● 교과

대학들은 바로 이 지점에서 학생들의 영어 실력을 뜯어보고 있습니다. 〈현대 영어에 남아 있는 프랑스어 흔적에 대한 탐구 보고서〉를 작성하기 위해 구글에서 영어로 자료를 찾고 해석하고 보고서를 쓰는 학생은 어떤 학생일까요? 〈다이어트 할 것이냐, 말 것이냐, 그것이 문제로다!_햄릿 패러디 연극 대본〉을 영어로 쓰고 감수하며 연극 연습을 이끈 학생은 문제집만 풀면 그 경지에 도달할 수 있을까요? 이렇듯 요즘 '입시에서 먹히는 영어'는 예전과 같이 단순히 영어시험 100점을 받는 것이 목표가 되어서는 안 됩니다.

중·고등학교 수행평가 이해하기

요즘 학교에서 진행되는 수행평가를 보신 적 있나요? 수행평가는 지필고사만큼이나 성적에서 차지하는 비율이 높습니다. 학교와 교과목마다 차이가 있지만, 대략 수행평가는 20~40% 비율을 차지하고 있습니다. 다음과 같이 학생의 영어 성적을 평가하는 학교처럼 수행평가 점수가 40%를 차지하는 학교의 경우 지필평가는 만점을 받더라도, 수행평가에서 성적이 좋지 않다면 전체 성적은 낮아질 수밖에 없습니다.

교육청에서는 수행평가를 할 때 다양한 방법을 활용하여 종합적 역량을 확인할 수 있도록 과정 중심 평가로 구성하기를 권고하고 있습니다. 따라서 실제로 중고등학교에서 사용되는 수행평가 방식은 단순히 단답형 문제를 푸는 것이 아니라 카드 뉴스를 만들고, 에세이를 쓰거나 토론

경기도 A 중학교의 2학년 영어 평가 방식

평가 종류	지필평가(60%)		수행평가(40%)				총점
평가 영역	중간고사	기말고사	수행1 듣기	수행2 말하기	수행3 도표의 세부 항목 파악 및 시사점 쓰기	수행4 글의 의미 추론	–
평가 방법	선택형	선택형	듣기	말하기	서·논술형	관찰평가 개별평가	–
배점	100점	100점	5점	5점	20점	10점	–
반영 비율	30%	30%	5%	5%	20%	10%	100%
평가 시기 및 횟수	5월	6~7월	4월 1회	5월 1회	6월1회	3~6월/수시	–

등 다양합니다.

중고등학생들에게 자주 제시되는 수행평가 방법의 하나는 작문입니다. 특정 주제를 제시하고 이에 대한 자신의 의견을 적절히 표현할 수 있는지 확인하고 있습니다. 다음 수행평가 기준에서 볼 수 있듯 학생들은 정확한 문법과 어휘 사용, 표현 능력을 평가받습니다.

다음 내용은 실제 중, 고등학교의 영어 수행평가를 재구성한 것입니다. 평소 자기 생각을 영어로 표현하는 데 어려움이 없는 학생이라면 1~2시간이면 충분히 해결할 수 있는 정도의 난이도입니다. 결국 학교에서 요구되는 영어 역량은 부모 세대와는 달리 '실용 영어'로 점점 초점이 옮겨지고 있었던 것입니다. 그러니 엄마표 영어가 왜 입시를 준비하는 데 굳건한 토양이 되는지 이제 아시겠지요.

서울 B고등학교 1학년 수행평가 채점 항목

평가 영역명	영어 기본 논증	평가만점	15점	학기	1학기
수행 과제	논리적 영어 단락의 구조를 학습한 후 다양한 주제의 글을 작성하는 데 적용하고 수업 중 받은 피드백을 바탕으로 주어진 주제에 관한 자신의 의견을 논리적으로 작성한다(논술형 평가 1회).					

교육평가 성취기준		평가기준
[10영04-03] 일상생활이나 친숙한 일반적 주제에 관해 자신의 의견이나 감정을 쓸 수 있다.	상	일상생활이나 친숙한 일반적 주제에 관하여 다양하고 적절한 어휘와 정확한 언어 형식을 활용하여 자신의 의견이나 감정을 정확하게 표현하는 글을 쓸 수 있다.
	중	일상생활이나 친숙한 일반적 주제에 관하여 비교적 적절한 어휘와 언어 형식을 활용하여 자신의 의견이나 감정을 대략적으로 표현하는 글을 쓸 수 있다.
	하	일상생활이나 친숙한 일반적 주제에 관하여 주어진 어휘와 예시문을 참고하여 자신의 의견이나 감정을 부분적으로 표현하는 글을 쓸 수 있다.

○○ 중학교 2학년 영어 수행평가 안내

〈주제 : 외국인에게 우리 지역 관광지 소개하기〉

영어를 사용하는 외국인에게 우리 지역에 있는 관광지를 소개하는 글을 다음 조건에 맞추어 영어로(문장으로) 작성하시오.

1) 해당 관광지를 선택한 이유를 쓰시오.

2) 해당 관광지의 특징을 3가지 이상 쓰시오.

3) 그림과 사진 자료를 1가지 이상 활용하시오.

4) 수업 시간에 배운 표현과 문법을 활용하시오.

5) 최소 140단어 이상을 사용하여 글을 완성하시오.

진로 역량 키우기

자유학기제, 자유학년제라는 말을 들어본 적 있나요? 중학교 아이들에게 자신의 진로를 생각할 수 있도록 학교 차원에서 마련해둔 진로 탐색 시간입니다. 고교학점제 도입을 앞두고 교육 현장은 분주하게 돌아가고 있습니다. 고교학점제의 핵심 역시 진로 설정에 따른 교과목의 선택에 있습니다. 아이의 학업과 진로 탐색에 도움이 되는 사이트를 모아봤습니다.

우리 아이 진로 탐색과 학업에 도움되는 사이트

서울 진로 진학 정보센터 www.jinhak.or.kr/index.do
워크넷 www.work.go.kr/seekWantedMain.do
크레존 www.crezone.net/index.do
주니어 커리어넷 www.career.go.kr/jr
고교학점제 www.hscredit.kr
에듀넷 www.edunet.net
내친구 교육넷 www.gyo6.net
학교 알리미 www.schoolinfo.go.kr

ChatGPT를 활용한 영어 교육

ChatGPT는 영어 글쓰기와 영어 대화에 특화된 생성형 인공지능AI입니다. 덕분에 엄마표 영어 진행이 훨씬 더 수월해졌습니다. 우리 아이 영어 실력에 맞는 맞춤형 개인 선생님이 생긴 것입니다. ChatGPT를 활용해서 듣기와 읽기, 말하기와 쓰기까지 모든 영역에서 도움을 받을 수 있습니다. 시간과 공간의 제약 없이 맞춤형으로 영어를 습득할 수 있는 조력자가 생긴 셈입니다. 디지털 세대인 아이들에게 ChatGPT는 재미있고 매력적인 영어 친구가 될 것입니다.

ChatGPT는 무엇인가요?

ChatGPT는 Open AI 회사가 개발한 대화형 인공지능 서비스로 기존 데이터를 기반으로 새롭고 독창적인 콘텐츠를 생산해내는 생성형 인공지능입니다. 다양한 분야에 대한 지식과 높은 이해력, 자연스러운 대화 능력, 신속하고 정확한 응답 능력을 가진 ChatGPT에 대해 알아봅시다.

'Chat'은 채팅을 의미합니다. 그리고 GPT는 'Generative Pre-trained Transformer'의 약자로 인공지능 언어모델을 기반으로 하는 미리 학습된 생성형 변환기를 의미합니다. ChatGPT에서 Prompt프롬프트는 사용자가 AI에게 명령어나 질문을 입력하는 부분을 말합니다. 사용자가 질문하면 ChatGPT는 방대한 양의 딥러닝된 데이터를 바탕으로 답변을 생성합니다. 2022년 말 대중에게 서비스를 공개한 후 전 세계적으로 폭발적인 관심을 끌며 엄청난 속도로 사용자가 증가하고 있습니다. 모든 분야에서 광범위하게 ChatGPT를 이용하고 있고, 특히 영어 교육에서도 많은 도움이 되리라 생각합니다.

ChatGPT 가입 및 사용 방법 소개

- ChatGPT 사이트 접속
- 좌측 하단 Try ChatGPT 클릭

- 가입이 완료되면 보이는 화면
- 프롬프트에 명령어, 질문 입력

질문의 힘 발휘하기

ChatGPT는 그동안 출시되었던 어떤 디지털 플랫폼보다 활용 가치가 높습니다. 중요한 점은 디지털에 대한 이해를 높이고 유용한 도구로서 어떻게 활용하느냐입니다. 이제 인간은 인공지능과 함께 살아갈 수밖에 없는 시대에 살고 있습니다. 디지털에 대한 두려움이나 무조건적인 사용 억제가 아니라 올바르고 의미 있게 사용할 수 있어야 합니다.

ChatGPT 사용자로서 우리에게 가장 필요한 것은 무엇일까요? 바로 질문의 힘입니다. 자신이 무엇을 아는지, 모르는지를 파악하고 질문을 통해 문제를 해결해 나갑니다. 또한 자신이 원하는 대답을 얻기 위해 질문을 뾰족하게 다듬어가는 능력을 갖추어야 합니다. 수집된 정보에서 올바른 정보를 찾고, 유의미하게 자신의 것으로 활용할 줄 알아야 합니다. 구체적인 질문법을 알아봅시다.

① 육하원칙 질문법(Principle of 5W 1H)

육하원칙은 질문의 가장 기본 방법입니다. 이 방법은 문제해결뿐만 아니라, 상황 판단하기, 의사결정, 계획수립 등에도 광범위하게 적용될 수 있습니다. 책을 읽거나 ChatGPT를 사용할 때 활용할 수 있는 육하원칙의 내용은 다음과 같습니다.

육하원칙	내용 및 질문 예시
누가 Who	• 문제 주체 파악하기 당신의 가장 친한 친구는 누구인가요? Who is your best friend?
무엇을 What	• 문제 내용 정의하기 그녀가 좋아하는 음식은 무엇인가요? What is her favorite food?
언제 When	• 문제가 발생한 시점 파악하기 자전거를 처음으로 타본 적이 언제인가요? When did you first learn to ride a bike?
어디서 Where	• 문제가 발생한 장소 파악하기 지난 해 휴가를 어디에서 보냈어요? Where did you go on vacation last year?
어떻게 How	• 문제 해결 방법 찾기 샌드위치를 어떻게 만드나요? How do you make a sandwich?
왜 Why	• 문제가 발생한 원인 파악하기 당신은 왜 축구를 좋아하나요? Why do you like playing soccer?

② 질문의 유형 알기

육하원칙 기본 질문법 이외에 다양한 질문법도 익혀보세요. 정보성 질문, 판단 질문, 열린 질문, 닫힌 질문 4가지 유형에 대해 살펴보겠습니다.

질문의 유형	내용 및 질문 예시
정보성 질문 Informational Questions	• 어떤 정보를 얻기 위한 질문 영국의 수도는 어디인가요? What is the capital of England?

판단 질문 Evaluative Questions	• 의견이나 견해를 묻는 질문 이 책에 대해 어떻게 생각하세요? What do you think about this book?
열린 질문 Open-ended Questions	• 대답의 폭이 넓은 질문 이 문제를 어떻게 해결할 수 있을까요? How would you solve this problem?
닫힌 질문 Closed-ended Questions	• 대답의 선택지가 제한된 질문 토마토는 과일인가요, 채소인가요? Is a tomato a fruit or a vegetable?

③ 관점을 갖는 질문(Perspective Questions)

좋은 질문은 내용을 깊이 파악할 수 있도록 도움을 줍니다. 또한 질문을 통해 자신만의 생각을 갖게 해줍니다. 이와 같은 질문을 관점 질문이라고 합니다. 이러한 질문을 통해 사람들의 다양한 의견을 들을 수 있습니다. 다음은 환경교육에 대한 관점 질문의 예시입니다.

1. 오염이 우리 주변의 동물과 식물에 어떤 영향을 미칠까요?
   How do you think pollution affects the animals and plants around us?

2. 우리가 오늘날 환경을 다루는 방식이 미래 세대에게 어떻게 영향을 미칠까요?
   How might future generations be impacted by the way we treat the environment today?

이제 우리 아이들은 인공지능과 대화해야 하는 시대에 살게 되었습니다. 인공지능과 대화하려면 질문을 제대로 던져야 합니다. 답이 아닌 질문의 중요성을 알고 아이들과 함께 묻고 답을 찾는 시간을 가져보세요. 질문을 하는 아이가 답을 찾는 힘을 갖게 됩니다.

ChatGPT 영어 그림책 활용하기

영어 그림책을 읽을 때 ChatGPT를 이용하여 다양한 활동을 할 수 있습니다. 책을 읽기 전 작가에 대한 정보를 찾거나 책을 읽으며 이해도를 확인하는 질문을 만들어 활용할 수 있습니다. 책을 읽고 난 후 필요한 독후 활동에 관한 정보도 얻을 수 있습니다.

Tips!

영어 그림책 활용에 유용한 프롬프트

예시: 《The Very Hungry Caterpillar》 by Eric Carle

1. 에릭 칼 작가와 그의 대표작에 대해 말해주세요.
   Tell me about Eric Carle and his representative work.

2. '배고픈 애벌레' 책을 요약해주세요.
   Summarize 《The Very Hungry Caterpillar》.

3. 책에 나오는 주요 단어 10개를 알려주세요.
Please tell me 10 important words that appear in the book.

4. 이해 확인 문제 10개와 답을 만들어주세요.
Design 10 reading comprehension questions, along with their answers.

5. '배고픈 애벌레'를 20개의 대화문 문장으로 만들어주세요.
Create 20 dialogues for 《The Very Hungry Caterpillar》.

6. 에릭 칼의 '배고픈 애벌레'와 '아주 바쁜 거미'로 새로운 이야기를 만들어주세요.
Can you create a new story using Eric Carle's 《The Very Hungry Caterpillar》
and 《The Very Busy Spider》?

7. 나비 입장에서 '배고픈 애벌레' 이야기를 써주세요.
Rewrite 《The Very Hungry Caterpillar》 from a butterfly's point of view.

8. 'The Very Hungry Caterpillar' 독후 활동을 만들어주세요.
Create book activities for 《The Very Hungry Caterpillar》.

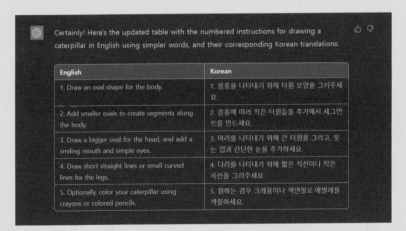

ChatGPT가 알려준 애벌레 그리는 법

ChatGPT 영어 말하기 활용법

ChatGPT의 채팅 기능으로 영어 회화 실력을 높여보세요. 언제든 궁금한 것을 물어보고 답변받을 수 있습니다. 내가 가지고 있는 언어 수준에 맞추어 질문이나 답변의 난이도를 정할 수 있고 무제한 반복이 가능합니다. 또한 답변의 길이도 요청할 수 있으며 상황에 맞는 답변을 요구할 수도 있습니다.

구글 크롬 웹스토어에서 Talk-to-ChatGPT와 같은 확장 프로그램을 찾아 설치해보세요. AI 원어민과 말하기 연습을 할 수 있습니다. 영어 말하기에 도움되는 구글 확장 프로그램을 소개합니다.

	프롬프트 지니
프롬프트 지니: ChatGPT 자동 번역기 ★★★★★ 94 ⓘ | 생산성 | 사용자 200,000+명	ChatGPT 자동 번역기 한국어로 입력한 질문을 영어로 번역해주고, 영어 답변을 한국어로 번역해주는 프로그램
Voice Control for ChatGPT ★★★★☆ 164 ⓘ | 생산성 | 사용자 200,000+명	Voice Control for ChatGPT 음성 대화를 나눌 수 있는 확장 프로그램. 마이크를 이용해 질문하면, 텍스트와 함께 음성으로 답변을 들을 수 있음 마침표, 물음표 등의 문장부호 전송 필요
Talk-to-ChatGPT ★★★★☆ 86 ⓘ | 오락 | 사용자 100,000+명	Talk-to-ChatGPT 음성으로 실시간 대화를 나눌 수 있는 확장 프로그램 다양한 옵션을 제공함 (음성, 언어, 속도, 기타 명령어 등)

다음은 ChatGPT를 활용한 영어 말하기 연습에 도움되는 프롬프트입니다. 제시된 프롬프트를 참고해서 상황에 맞추어 바꾸어 사용해보세요. 똑같은 질문을 해도 ChatGPT는 항상 같은 답변을 주지는 않는다는 점을 참고하세요.

Tips!

영어 말하기 활용에 유용한 프롬프트

• **상황별 대화 연습**

나는 너와 대화 연습을 하고 싶어. 나는 엄마 역할이고, 너는 7살 아들 역할이야. 너는 배가 고픈 상황이고 네가 먼저 대화를 시작해. 한 문장씩 말하고 나의 대답을 기다려줘.

I want to practice conversation with you. I am the mother and you are the 7-year-old son. You are hungry and you start the conversation first. Say one sentence at a time and wait for my answer.

상황별 예시	수준별 예시	주제별 예시
아침 식사 시간	유치원생 아이	싫어하는 반찬
학교 수업 시간	선생님과 학생	친구와 다투었을 때
쇼핑몰에서	아빠와 아이	장난감을 사달라고 조를 때
놀이터에서	아이 둘	처음 만나 인사할 때

• **주제별 대화 연습**

주말에 하고 싶은 일을 주제로 아빠와 아이가 나누는 대화를 만들어줘.

Create a conversation between a father and a child on the topic of what you want to do over the weekend.

주제별 예시	수준별 예시	길이별 예시
환경 보호	Lexile 420 to 650	200 words
미국의 공휴일	Grade 2	3문단
해리포터 영화	작가와 어린이 기자	10문장
가고 싶은 여행지	할머니와 아이	짧게/간단하게

- **퀴즈와 정답 맞추기**
  '네, 아니오'로 대답할 수 있는 퀴즈 10개를 답과 함께 내주세요.
  Give me a quiz with 10 yes or no questions, and include the answers.

- **영화 스크립트 찾아 말하기 연습하기**
  '주토피아'의 한 장면 스크립트를 찾아줘.
  Find the script for a scene in 'Zootopia'.

  네가 '주디'를 읽으면, 내가 '닉'으로 대답할게.
  Go ahead and read your line as 'Judy', and I will respond as 'Nick'.

  '주토피아'의 한 장면으로 대화를 나누자.
  Let's have a conversation as if we were in a scene of 'Zootopia'.

- **어색한 표현, 문법적 오류 수정**
  내가 말한 문장에서 문법 오류나 어색한 표현이 있으면 찾아줘.
  If there are any grammar errors or awkward expressions in my sentence, please find them for me.

ChatGPT 영어 쓰기 활용법

ChatGPT에게 채팅으로 영어 질문을 써보고 답변을 보는 것만으로도 영어 쓰기 연습에 도움이 됩니다. 특정한 주제에 관한 글을 쓸 때 필요한 자료 조사나 어휘 등을 요청할 수 있습니다. 구글 검색과 다르게 방대한 양의 자료를 일일이 찾을 필요가 없습니다. 길이나 범위에 제한을 두면 원하는 결과만 찾아줍니다. 또한 ChatGPT는 문법, 철자 및 어휘 향상을 위한 제안을 해주기도 하고 문법 오류와 적합한 표현을 찾아 고쳐줍니다. ChatGPT로 쓰기 연습을 많이 할수록 영어로 글을 쓰는데 더 편안해지고 자신감이 생길 것입니다. 내가 쓴 영어 문장을 원어민에게 첨삭 받는 효과를 누릴 수 있습니다. 비용 발생 없이 사용 가능하고, 맞춤형으로 사용할 수 있다는 것이 ChatGPT의 큰 장점입니다.

① 영어 글쓰기 단계(Writing Process)

글을 쓸 때는 주제 선정이 중요합니다. 주제가 흥미로운지, 자신이 잘 알고 있는지 점검해보세요. 주제를 선정한 후에는 이와 관련된 아이디어를 찾아보세요. 아이디어 수집이 끝난 후에는 실제 본문을 작성합니다. 초안은 수정과 보안을 거쳐 최종적으로 완성된 글이 됩니다. 다음에 제시된 글쓰기 5단계를 참고하세요.

글쓰기 5단계

글쓰기 단계|Wrting Stage	글쓰기 팁|Tips for the Writer
1. 쓰기 준비|Pre-writing Think.	• 주제 선정 및 아이디어를 얻는 단계 • 브레인스토밍과 토론 등을 통해서 준비
2. 초안 쓰기|Drafting Write.	• 쓰기 준비 단계에서 얻은 아이디어로 집필 시작 • 쓰는 내용에 집중하기
3. 수정하기|Revising Make it better.	• 써놓은 글의 순서 체크, 재편성하기 • 접속사 등의 사용으로 문장 매끄럽게 하기
4. 편집하기|Editing Make it correct.	• 철자, 문법, 구두점 등 체크하기 • 혼자보다는 파트너와 함께 편집하기
5. 출판하기|Publishing Share it with others.	• 글을 깨끗하게 다시 쓰기 • 작품을 여러 사람과 함께 공유하기

영어 쓰기 활용에 유용한 프롬프트

- **영어 일기 첨삭**
문법 오류를 확인하고 더 자연스러운 표현을 알려주세요.
Find grammatical errors and suggest more natural expressions.

> 아이의 손글씨를 휴대폰으로 찍고 '텍스트 추출' 기능(또는 앱)을 사용하면 쉽게 GhatGPT에 복사-붙여넣기 할 수 있습니다.

- **예시 글 찾기**
'여름 방학'을 주제로 글을 쓰려고 해요. 어떻게 쓰면 좋을까요?
I'm going to write a post about summer vacations. How should I do this?

- **자료 조사하기**
한국에서 가까운 여름 여행지를 추천해주세요.
Please suggest summer destinations near Korea.

- **글쓰기 어휘, 표현 조사**
'여름방학' 주제와 어울리는 필수 어휘를 찾아주세요. 2학년 수준으로.
Tell me the essential vocabulary or expressions to use in an article on summer vacations for 2nd graders.

- **영작문 요청(한국어로 입력)**
'그건 정말 멋진 경험이야.'를 영어로 어떻게 쓸까요? 문장 2개를 알려주세요.
그건 정말 멋진 경험이야: Translate it into English. Create 2 sentences.

- **이메일, 연설, 발표 등의 글쓰기**
미국에 사는 친구에게 편지를 쓰고 싶어요. 예시 글을 만들어주세요.
I want to write a letter in English to an American friend. Show an example of this.

② 영어 일기 쓰기(Journal Writing)

영어 실력을 빠르게 높이고 싶다면 영어 일기 쓰기Journal Writing를 추천합니다. 간단하고 쉬운 문장으로 시작해서 조금씩 영어 문장의 길이와 쓰는 양을 늘려 가보세요. ChatGPT를 사용하면 영어 일기 쓰기도 손쉽게 해결할 수 있습니다. 다음은 영어 일기 쓰기 방법을 간단히 정리한 내용입니다.

영어 일기 쓰는 법

- 영어 일기와 우리말로 쓰는 일기는 크게 다르지 않습니다.
- 영어 일기를 쓸 때는 아주 간단하고 쉬운 문장부터 사용합니다.
  날씨, 요일, 날짜, 제목, 본문은 일기 쓰기 기본 요소로 날씨와 제목은 생략하기도 합니다.
- 영어 일기와 우리말 일기는 요일, 날짜의 배열 순서가 다릅니다.

한국어 날짜 표기	영어 날짜 표기
2023년 4월 11일 화요일 (연도, 월, 일, 요일)	Tuesday, April 11, 2023 (요일, 월, 일, 연도)

- 영어 일기에서는 보통 형용사를 사용해서 날씨를 표현합니다.
  예: 구름낀cloudy, 우중충한dull, 햇살 좋은sunny
- 일기는 지난 일에 대한 내용이므로 과거형을 사용합니다.
- 가장 중요한 사건을 집중적으로 쓰고, 감정 표현을 추가하면 풍성한 일기가 됩니다.

예: 희망찬hopeful, 우울한blue, 초조한nervous, 만족스러운pleased

- 시간과 관련된 단어를 적절하게 씁니다. 예: first, next, before, after

- 아이가 쓴 일기를 ChatGPT에 넣어 문법적 오류를 확인합니다. (문법

  오류 프롬프트 참고)

일기 쓰기 형식

영어 일기를 쓸 때는 다음의 기본적인 내용이 들어갈 수 있습니다.

Tuesday, April 11, 2023 ●────────────── ① 요일, 월, 일, 연도

Practice Makes Perfect! ●──────────────── ② 제목

My friend, June can jump rope 50 times. I am so envious of
her because I don't know how to do it so well. I can only do it
three times in a row. However, I won't give up. Someday, I will
be able to jump rope 10 times in a row. I have been practicing
every day after school with my mom. ●──────── ③ 본문

2023년 4월 11일 화요일

연습이 완벽을 만든다!

내 친구 준은 줄넘기를 50번 넘을 수 있다. 나는 그 친구가 부럽다. 왜냐하면 나는
줄넘기를 잘 못하기 때문이다. 내가 할 수 있는 건 연속으로 3번뿐이다. 하지만 나는
포기하지 않을 거다. 언젠가는 나도 10번을 넘게 될 테니까. 그래서 나는 방과 후에
엄마와 함께 매일 연습한다.

ChatGPT 영어 문법 활용하기

ChatGPT로 문법을 공부하는 방법은 무궁무진합니다. 학습자의 영어 실

력에 따라 초보자부터 고급 수준까지 다양한 방식으로 활용할 수 있습니다. 만약 영어로 문장을 만들기 어렵다면, 질문을 영어로 번역해주는 번역기의 도움을 받으세요. ChatGPT와 대화하면서 영어 문장에 익숙해지고 그 과정에서 간단한 문법 규칙을 발견하는 데도 도움이 됩니다.

문법에 관한 질문은 포괄적인 개념보다는 알고 싶은 문법과 관련하여 수준, 문장 길이 등의 제한을 두고 물어보세요. 다음 예시처럼 레벨, 나이, 예문 수에 제한을 두고 질문하면 짧고 이해하기 쉬운 대답을 얻을 수 있습니다.

프롬프트 Prompt 1	프롬프트 Prompt 2
'a'나 'an'을 언제 쓰는지 알려줄래요? How do I know when to use 'a' vs. 'an'?	'a'나 'an'을 언제 쓰는지 알려주세요. 내가 7~8세의 초급 학습자인 것처럼 두 가지 예를 들어 간략하고 간단히 설명해주세요. How do I know when to use "a" vs. "an"? Give me a brief, simple explanation with two examples as if I were a beginning learner, aged 7-8.

문법의 경우는 한국어로 질문했을 때와 영어로 질문했을 때 ChatGPT의 답이 달라지는 경우가 꽤 있습니다. 영어로 물어보는 경우 좀 더 유창하고 정확한 답을 얻을 수 있습니다. 다음은 영어로 물어볼 때 도움이 되는 문법 용어와 한국인이 자주 틀리는 문법 오류 용어 예시입니다. ChatGPT와 대화할 때 유용하게 사용하세요.

Tips!

영어 문법 활용에 유용한 프롬프트

• 문법 개념 묻기
다음은 문법 용어 영어 표현입니다. ChatGPT에게 문법 개념을 물어볼 때 참고하세요.

명사Noun, 대명사Pronoun, 동사Verb, 형용사Adjective, 부사Adverb, 관사Article
전치사Preposition, 접속사Conjunction, 감탄사Interjection, 조동사Auxiliary verb
주어Subject, 목적어Object, 보어Complement, 조사Particle, 어미Ending

이 문장에서 주어와 동사를 찾아 줄래요?
Can you help me identify the subject and verb in this sentence?

동명사와 to부정사의 차이점은 무엇일까요?
What is the difference between gerunds and infinitives?

어떤 상황에서 수동태를 사용해야 하는지 예시를 들어 알려줄 수 있나요?
Can you give me some examples of when it is appropriate to use the passive voice?

• 글쓰기 후 문법 오류 확인
다음은 한국인이 자주 틀리는 영어 문법입니다. 영어 글쓰기를 할 때 문법적 오류가 있는지 한 번 더 점검하세요.

주어 동사 일치Subject-Verb Agreement	관사Articles
주격, 목적격 대명사Pronouns	복수형 명사Pluralization
불규칙 동사 형태Verb Form	소유격 명사Possessives
동사 시제Verb Tense	전치사 사용Prepositions
셀 수 있는 명사Countable Nouns	단어 순서Word Order
셀 수 없는 명사Uncountable Nouns	동명사와 to부정사Gerunds, Infinitives

이 문장이 맞나요?
Is this sentence accurate?:[영어 문장 삽입]

다음 내용에서 문법 오류를 고쳐주세요.
Please correct the grammatical errors in the following text:[영어 문장 삽입]

내가 쓴 문장에서 문법 피드백을 해주세요.
Give me feedback on the grammar in my sentences:[영어 문장 삽입]

편집자 역할을 해서 오류를 지적하고 수정 사항을 제안해서 글쓰기를 개선할 수 있게 도와주세요.
Act as an editor and help me improve my writing by pointing out errors and suggesting corrections.

어색한 표현이나 단어를 자연스러운 말로 바꿔 주세요.
Change awkward expressions or words into natural words.

ChatGPT로 영어 워크시트 만들기

워크시트는 영어 점검용으로 활용할 수 있는 좋은 도구입니다. 기존에는 구글 같은 포털 사이트에서 검색으로 워크시트를 찾았습니다. 좋은 워크시트를 고르는 데 시간과 에너지가 꽤 많이 소요되었습니다. 이제는 ChatGPT를 이용해서 손쉽게 워크시트를 만들 수 있습니다. 어휘, 읽기용, 문법 등 영역별로 지정해서 워크시크를 직접 제작해보세요.

다음은 워크시트를 만드는 데 도움이 되는 프롬프트입니다. 필요에 따라 프롬프트를 수정해서 사용해보세요.

Tips!

워크시트 만들기에 유용한 프롬프트

- **어휘 워크시트**
  동물과 관련된 참 또는 거짓 퀴즈를 4개 만들어주세요.
  Generate a true or false quiz with 4 questions about animals.

  SR 레벨 3.0에 적합한 가족 관련 3개 질문으로 빈칸 채우기 퀴즈를 만들어주세요.
  Create a fill-in-the-blank quiz with 3 questions on the topic of family, which is suitable for SR level 3.0.

Sure! Here's a fill-in-the-blank quiz with three questions on the topic of family for SR (School Readiness) level 3.0:

Question 1:
My father's sister is my _____.
a) mother
b) aunt
c) cousin

Question 2:
My grandfather's son is my _____.
a) father
b) uncle
c) nephew

1학년 학생용으로 수학 문제 2개를 객관식 퀴즈 형식으로 만들어주세요.
Generate a multiple choice quiz with 2 questions on math for 1st grade students.

3학년 학생용으로 단어 리스트 100개를 골라서 표로 만들어주세요.
Please select 100 words suitable for 3rd grade students and put them in the table.

· 읽기 워크시트
[책 제목 삽입]을 읽고 난 후에 할 수 있는 질문을 만들어주세요.
Make some after-reading questions for [책 제목 삽입].

위의 책으로 문제와 해결책을 묻는 워크시트를 만들어주세요.
Create a worksheet asking for problems and solutions from the book.

Example Problem and Solution Worksheet:

Title: Problem and Solution in "Henry and Mudge: The First Book"

Directions: Read the story "Henry and Mudge: The First Book" and identify the problem and solution. Then, write a short paragraph about how the characters in the story solved the problem.

Problem: _____

Solution: _____

Paragraph:

In the story, the problem was _____. To solve the problem, the characters _____. This worked because _____.

• 문법 워크시트 프롬프트

내 학생은 1학년이야. 'there', 'their' 오류가 많아. 이 학생을 도울 수 있는 문법 워크
시트를 만들어주세요.

My students are 1st graders. They often make errors with 'there' and 'their'.
Please create a grammar worksheet that can help this with my students.

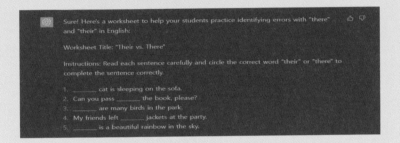

중학교 2학년용으로 현재 완료가 들어간 재미있는 이야기를 만들어주세요.

Create a funny story for 8th graders with the present perfect tense.

초급 학습자를 위한 부사의 쓰임에 대한 문법 문제를 만들어주세요.

Create a grammar question about the usage of adverbs for beginner level
learners. (*beginner 초급자, intermediate 중급자, advanced 상급자)

이제 ChatGPT를 사용할 때 주의할 사항을 알아봅시다.

첫째, 프롬프트prompt 질문을 구체적이고, 명확하게 표현합니다. 영어 수
준(초급, 중급, 상급 등)을 지정해서 요청해보세요.

둘째, 원하는 답변을 얻기 위해서 여러 차례 추가 질문을 해야 합니다.

셋째, 의식적으로 프롬프트에 입력하는 단어와 표현을 바꾸는 시도를
해보세요.

넷째, 프롬프트를 넣을 때 완전한 문장을 사용하세요. 단순한 단어의 나

열이 아닌 완전한 문장을 입력해야 일관성 있는 답변을 얻을 수 있습니다.

다섯째, ChatGPT를 하나의 인격체로 대해주세요. 존중과 예의를 지키며 대화를 나누세요. 'Please'나 'Thank you' 혹은 칭찬을 건네면 ChatGPT도 좋아합니다.

마지막으로 가장 중요한 점은 검토입니다. ChatGPT에게 답변을 받았다고 해서 끝난 것이 아닙니다. ChatGPT 답변에 오류도 있을 수 있으니 반드시 한 번 더 답변을 체크해야 합니다.

미래 인재와 엄마표 영어

앞으로 다가올 미래 사회에 대한 통찰은 자녀의 삶을 준비하는 데 많은 도움을 줄 수 있습니다. 또한 교육은 미래 인재 양성을 목표로 하고 있으므로 변화될 사회 흐름을 읽는 것이 대단히 중요합니다. 4차 산업혁명과 ChatGPT의 급물살 속에서 교육 방향을 어떻게 잡아나가야 할 것인가도 계속되어야 하는 질문입니다. 엄마표 영어도 마찬가지입니다.

미래 직업과 관련해서 미국 조지메이슨대학 경제학부 타일러 코웬Tyler Cowen 교수는 인공지능과 결합된 가치를 높일 수 있는 일을 찾아야 한다고 조언합니다. 미래 사회에서 쏟아지는 정보를 목적에 맞게 선별하여 가공할 줄 알아야 합니다. 미래에 기대되는 직업과 필요한 인재상을 고려하다 보면, 교육의 초점을 찾을 수 있습니다. 바로 '디지털 리터러시' 기반의 비판적 사고 능력입니다. 디지털 리터러시란 미디어 기반 자료를 수집,

분석 및 선별하여 목적에 맞게 활용할 수 있는 역량입니다. 단순히 글을 읽고 쓰는 것을 넘어 디지털 자료를 냉철하게 이해하고 말과 글로 소통할 수 있는 능력을 뜻합니다.

영어 교육에서도 '디지털 리터러시'는 강조됩니다. 단순한 의사소통은 구글 번역기나 비슷한 기능을 가진 앱을 통해 가능한 시대가 도래하였습니다. 미래 사회에서 요구되는 역량은 AI가 할 수 없는 비판적 사고와 창의적 발상이므로 영어 교육의 방향도 이에 맞게 대응해 나가야 합니다. 엄마표 영어를 진행할 때도 기계적인 읽기 쓰기 활동에서 벗어나 아이들의 창의적인 발상에 초점을 맞춰야 합니다.

이를 위한 기초 작업이 문해력 활동입니다. 문해력은 단순히 읽고 쓰는 능력이 아닙니다. 정보의 홍수 속에서 길을 잃지 않게 해주고 타인과 소통·공감하는 데 꼭 필요한 미래 역량입니다. 문해력은 후천적으로 길러지기 때문에 가정 내에서 문자 해독과 이해력을 키울 수 있도록 꾸준한 독서 교육이 요구됩니다.

모국어로 된 독서도 중요하지만, 그에 못지않게 원서로 된 다양한 책을 읽으며 영어 문해력 향상에도 신경을 써야 합니다. 수많은 정보가 세계 공용어인 영어로 되어 있고 온라인으로 전 세계가 연결되어 있음을 생각해 볼 때, 영어 문해력은 아무리 강조해도 지나치지 않습니다. 이 부분이 바로 미래형 인재 양성을 위한 엄마표 영어의 방향이자 목표입니다. 이 책에 나와 있는 구체적인 방법에 따라 꾸준히 실천해 나가면, '미래형 인재'라는 엄마표 영어의 열매가 아름답게 맺힐 거라 확신합니다.

미래 인재 역량 키우기

엄마표 영어도 언젠가는 끝나는 날이 옵니다. 매일 아이에게 영어책을 읽어주고, 영어 영상을 보여주는 이유는 이 과정을 아이 스스로 하는 날이 오기를 바라기 때문입니다. 아이가 본인에게 맞는 책을 선택해서 읽고, 영어 역량을 높이기 위해 노력하는 모습을 상상해보세요. 이렇게 학습 주도권을 아이에게 잘 넘기려면 어떻게 해야 할까요? 우리는 아이의 학습 의지를 북돋아 주고, 중간에 힘이 들어도 포기하지 않도록 격려해주어야 합니다. 인생을 마라톤에 비유하곤 합니다. 우리의 역할은 페이스메이커입니다. 아이가 마라톤 코스에서 벗어나지 않도록 표지판을 점검하고 물과 간식을 건네주고 때로는 아이 곁에서 함께 뛰어주어야 합니다.

아이가 자신만의 마라톤 코스를 완주하기 위해서 우리는 다음의 미래 역량을 키울 수 있도록 노력해야 합니다.

첫째, 의사소통 능력Communication을 키워주세요. 자기 생각을 말과 글로 표현할 줄 알고, 다른 사람의 뜻을 제대로 파악할 수 있는 능력이 필요합니다. 둘째, 협업 능력Collaboration을 키워주세요. 사람들과 협력할 수 있는 능력을 넘어 교과목 간의 협업(재구성)할 수 있는 능력이야말로 미래 인재가 갖춰야 할 필수 요소입니다. 셋째, 비판적 사고능력Critical Thinking 입니다. 문제가 발생했을 경우, 논리적인 사고 과정을 통해 결론을 도출해내는 능력을 뜻합니다. 끝으로 창의력Creativity이 필요합니다. 기존의 지식을 나만의 견해로 재창조하여 새로운 결과물을 만들어내는 것, 이것이야말로 미래 핵심 인재를 가르는 가장 첫 번째 요소이니까요.

매일 조금씩 성장하고 있는 아이들의 가능성을 살펴보기 바랍니다. 눈앞에 보이는 결과보다는 멀리 내다보는 지혜와 안목이 필요한 시기입니다. 영어에 대한 교육정책이나 평가 방법은 시대의 흐름에 맞게 변화합니다. 어떤 미세한 변화가 있어도 아이들이 유연하게 이겨낼 수 있는 실력을 키워나갔으면 합니다.

부모의 사랑과 관심을 가득 받을 시기에 시험으로만 아이들이 평가되지 않기를 바랍니다. 중, 고등학교에서 어떤 시험의 형태에서도 아이 스스로 견뎌내는 내공을 가진다면 얼마나 좋을까요? 일상에서 편안하게 영어를 즐겨왔다면 변화의 시기에도 여유로운 마음을 가질 수 있을 겁니다. 꾸준히 즐겁게 할 수 있는 영어환경 속에서 어느새 단단한 영어 근육이 쌓여 있기 때문입니다. 중고등을 거쳐 입시에서도 영어 내공은 든든한 역할을 합니다. 언어를 배우는 태도와 습관은 일상생활은 물론 아이의 자신감을 높여줍니다.

현재와 미래사회는 경험과 학습이 축적되어 새로운 지식을 만들어 나가는 세상입니다. 양질의 유용한 정보나 지식이 오픈되어 있기도 합니다. 특히 영어로 말이지요. 글로벌한 세계에서 지식을 습득하고 자기 말과 글로 표현하는 중심에 영어라는 도구가 있습니다. 편안한 영어환경을 통해 우리 아이에게 맞는 방법을 찾아보시기 바랍니다. 아이가 관심 있는 분야를 깊게 파고들고 확장할 수 있는 역량을 키워줄 때 진정한 의미의 교육이 시작되는 길이 아닐까 생각합니다. 아이와 함께 성장하는 부모님께 응원을 보내며 이 책을 마칩니다.

바른 교육 시리즈 29

초등영어부터 입시영어까지 꽉 잡는

미래형 엄마표 영어

초판 1쇄 인쇄 2023년 5월 2일
초판 1쇄 발행 2023년 5월 10일

지은이 오현주, 전주연, 김연수, 이수진, 김호연, 김태인, 정영은

대표 장선희 **총괄** 이영철
기획편집 현미나, 한이슬, 정시아
디자인 김효숙, 최아영 **외주디자인** 이창욱
마케팅 최의범, 임지윤, 김현진, 이동희
경영관리 김유미

펴낸곳 서사원 **출판등록** 제2021-000194호
주소 서울시 영등포구 당산로 54길 11 상가 301호
전화 02-898-8778 **팩스** 02-6008-1673
이메일 cr@seosawon.com
블로그 blog.naver.com/seosawon
페이스북 www.facebook.com/seosawon
인스타그램 www.instagram.com/seosawon

ⓒ오현주, 전주연, 김연수, 이수진, 김호연, 김태인, 정영은, 2023

ISBN 979-11-6822-172-7 03370

서사원은 독자 여러분의 책에 관한 아이디어와 원고 투고를 설레는 마음으로 기다리고 있습니다.
책으로 엮기를 원하는 아이디어가 있는 분은 이메일 cr@seosawon.com으로 간단한 개요와 취지,
연락처 등을 보내주세요. 고민을 멈추고 실행해보세요. 꿈이 이루어집니다.